Mit Erfolg zum Goethe-Zertifikat A1: Fit in Deutsch 1

Übungs- und Testbuch

Uta Loumiotis

Alles Digitale zu diesem Buch kann auf der Lernplattform **allango** von Ernst Klett Sprachen abgerufen werden. So geht's:

QR-Code scannen oder **www.allango.net** aufrufen | Buchtitel oder ISBN in der Suche eingeben und auf das Buchcover klicken | Zum Inhalt navigieren, direkt abrufen oder speichern

Verfügbar sind: Audios, Lösungen, Transkriptionen

Ernst Klett Sprachen
Stuttgart

Mit Erfolg zum Goethe-Zertifikat A1: Fit in Deutsch 1

Übungs- und Testbuch

1. Auflage 3 | 2025

www.klett-sprachen.de

Autorin: Uta Loumiotis
Redaktion: Andrea Näfken
Redaktionelle Mitarbeit: Zoi Kokkalidou
Illustrationen: Cellworks, Athen
Layout und Satz: Cellworks, Athen
Druck und Bindung: Plump Druck & Medien GmbH; Rheinbreitbach

PEFC
Förderung nachhaltiger Waldbewirtschaftung
PEFC/04-31-3752 www.pefc.de

Printed in Germany
ISBN 978-3-12-676864-1

Inhalt

Die Audios, Lösungen und Transkriptionen sind digital verfügbar (siehe Seite 1).

Vorwort

Mit dem Übungs- und Testbuch *Mit Erfolg zum Goethe-Zertifikat A1: Fit in Deutsch 1* könnt ihr euch gezielt auf die Sprachprüfung *„Goethe-Zertifikat A1: Fit in Deutsch 1"* vorbereiten.

Die acht Übungs- und Testeinheiten bieten alle Aufgabentypen der einzelnen Prüfungsaufgaben und bereiten optimal auf alle vier Prüfungsteile vor: Lesen, Hören, Schreiben und Sprechen.

Jede Einheit greift thematisch die Alltagswelt der Kinder und Jugendlichen auf und entspricht genau den Anforderungen des *„Goethe-Zertifikats A1: Fit in Deutsch 1"*.

In den ersten vier Einheiten wird mithilfe ansprechender und motivierender Wortschatz- und Grammatikübungen spielerisch auf die anschließenden Modelltests vorbereitet. Dabei wird der gesamte Wortschatz für das *„Goethe-Zertifikat A1: Fit in Deutsch 1"* abgedeckt* und sämtliche Grammatikstrukturen auf A1-Niveau wiederholt*. Die prüfungsgerechten Aufgaben führen zudem Schritt für Schritt zu den Prüfungsformaten und bewahren euch vor eventuellen „Fallen".

Das Übertragen der Lösungen auf den Antwortbogen wird auch trainiert, um somit eure Vorbereitung optimal abzuschließen. Am Ende des Buches könnt ihr die Gesamtergebnisse der 8 Modelltests eintragen. So könnt ihr euren Lernfortschritt dokumentieren.

Für die produktiven Teile – Schreiben und Sprechen – wurde auch moderner Wortschatz, vor allem aus der Welt der Hobbys und sozialen Medien, aufgenommen, der aufgrund des Sprachwandels erforderlich ist. So lernt ihr, in der Prüfung adäquat und zeitgemäß auszudrücken.

Die Audios, Lösungen und Transkriptionen sind digital verfügbar (siehe Seite 1)

Viel Erfolg bei der Arbeit mit diesem Buch und natürlich auch bei der Prüfung wünschen euch die Autorin und der Verlag!

* Eine Übersicht über prüfungsrelevanten Wortschatz und prüfungsrelevante Grammatik findet ihr in *„GOETHE-ZERTIFIKAT A1: FIT IN DEUTSCH 1" PRÜFUNGSZIELE TESTBESCHREIBUNG, Goethe Institut*

Prüfungsbeschreibung

Die Prüfung *„Goethe-Zertifikat A1: Fit in Deutsch 1"* wendet sich an jugendliche Deutschlernende und stellt Deutschkenntnisse auf der Niveaustufe A1 des Allgemeinen Europäischen Referenzrahmens (GER) fest.

Die Prüfung besteht aus vier Teilen:

schriftliche Prüfung	mündliche Prüfung
I. **Hören** II. **Lesen** III. **Schreiben**	IV. **Sprechen**

Der Prüfungsteil *Hören* besteht aus zwei Teilen.

Teil 1 besteht aus drei kurzen Nachrichten vom Anrufbeantworter. Zu **Teil 1** sind insgesamt sechs bildunterstützte Multiple-Choice-Aufgaben zu lösen.

Teil 2 besteht aus zwei kurzen Dialogen. Zu **Teil 2** sind sechs Richtig/Falsch-Aufgaben zu lösen.

II. Der Prüfungsteil *Lesen* besteht aus zwei Teilen.

Teil 1 enthält zwei kurze, bildunterstützte Anzeigen. Zu **Teil 1** sind insgesamt sechs Multiple-Choice-Aufgaben zu lösen.

Teil 2 enthält zwei Kurztexte aus Jugendzeitschriften. Zu **Teil 2** sind sechs Richtig/Falsch-Aufgaben zu lösen.

III. Im Prüfungsteil *Schreiben* erhalten die Prüfungsteilnehmerinnen/Prüfungsteilnehmer **eine schriftliche Mitteilung, auf die sie mit einem kurzen Text von ca. 30 Wörtern reagieren sollen.**

IV. Der Prüfungsteil *Sprechen* besteht aus drei Teilen.

In **Teil 1** stellen sich die Prüfungsteilnehmerinnen/Prüfungsteilnehmer reihum mit mindestens vier Sätzen vor.

In **Teil 2** ziehen die Prüfungsteilnehmerinnen/Prüfungsteilnehmer eine Handlungskarte mit einem Stichwort zu einem Thema und stellen ihrer Mitschülerin / ihrem Mitschüler dazu eine Frage. Die Mitschülerin / der Mitschüler antwortet direkt.

In **Teil 3** ziehen die Prüfungsteilnehmerinnen/Prüfungsteilnehmer eine Handlungskarte. Darauf ist ein Piktogramm abgebildet und daneben entweder ein Ausrufezeichen oder ein Fragezeichen. Beim Ausrufezeichen sollen die Prüfungsteilnehmerinnen/Prüfungsteilnehmer eine Aufforderung oder Bitte an ihre Mitschülerin / ihren Mitschüler formulieren, beim Fragezeichen eine Frage. Die Mitschülerin / der Mitschüler reagiert entsprechend.

Prüfungsteil	Punkte	Gewichtung
Hören	18 (12 x 1,5)	30%
Lesen	12	20%
Schreiben	12 (6 x 2)	20%
Sprechen	18 (12 x 1,5)	30%
gesamt	60	100%
bestanden	30	50%

sehr gut	60 – 50 Punkte
gut	49 – 40 Punkte
bestanden	39 – 30 Punkte
nicht bestanden	29 – 0 Punkte

FIT für die A1-Prüfung

1 **Schreib die Zahlen als Wörter. Finde das Lösungswort.**

1: 16
2: 13
3: 0
4: 6
5: 11
6: 15
7: 1
8: 5
9: 9
10: 20
11: 12
12: 7
13: 3
14: 2
15: 8

Lösungswort:

sechs	aber	→	sechzehn	sechzig
sieben	aber	→	siebzehn	siebzig
eins	aber	→	einundzwanzig	einhundert

13 → dreizehn
14 → vierzehn
…
19 → neunzehn
21 → einundzwanzig
22 → zweiundzwanzig

FIT für die A1-Prüfung

2 **Wie heißt das Mädchen? Hör und schreib die Zahlen als Wörter.**

01

V I E R Z I G

Das Mädchen heißt. V _ _ _ _ _

3 **Welche Zahl hörst du? Markiere.**

02

17	70	29	92	89	98	67	76
85	58	14	40	54	45	36	63

4 **a** **Wer hat welches Lieblingsfach? Hör und markiere die Zahlen wie im Beispiel.**

03

Felix	41	82	19	Mathe
	14	28	77	
Lena	13	40	90	Deutsch
	31	19	8	
Emil	16	18	30	Sport
	80	13	72	
Patricia	30	27	81	Kunst
	13	18	18	

b **Ergänze die Sätze.**

1 Das Lieblingsfach von Felix ist Deutsch.
2 Lenas Lieblingsfach ist ______.
3 Emil mag ______ sehr.
4 Patricia gefällt ______ sehr.

Das Lieblingsfach von Katja ist Geschichte.
Katjas Lieblingsfach ist Geschichte.
Katja mag Geschichte (sehr).
Katja gefällt Geschichte (sehr).

FIT für die A1-Prüfung

5 a **Lies den Stundenplan von Akim und beantworte die Fragen.**

Zeit	Montag	Dienstag	Mittwoch	Donnerstag	Freitag
8:00 – 8:45	Geschichte	Mathe	Deutsch	Englisch	Sport
8:50 – 9:35	Biologie	Deutsch	Deutsch	Englisch	Deutsch
9:35 – 9:55	kleine Pause				
9:55 – 10:40	Englisch	Erdkunde	Englisch	Musik	Mathe
10:45 – 11:30	Mathe	Musik	Mathe	Geschichte	Erdkunde
11:30 – 12:15	große Pause				
12:15 – 13:00	Sport	Französisch	Biologie	Kunst	Sozialkunde
13:05 – 13:50	Sport	Kunst	Französisch	Mathe	Geschichte

Wann?

um + Uhrzeit

Wann stehst du auf? – Ich stehe **um** 6:00 Uhr auf.

am + Wochentag, Tageszeit

Wann hast du Englisch? – **Am** Montag habe ich am Morgen Englisch und **am** Freitag (habe ich) **am** Nachmittag (Englisch).

im + Monat, Jahreszeit

Wann hast du Geburtstag? – **Im** Sommer. / **Im** August.

am ≤ 1 Tag (kürzer oder gleich 24 Stunden)

im / in der > 1 Tag (länger als 24 Stunden)

aber:

am Wochenende

in der Nacht

Wann triffst du deine Freunde? – **Am** Wochenende.

Wann schläfst du? – **In der** Nacht.

Wie lange? / Von wann bis wann?

Von 7:00 Uhr **bis** 8:00 Uhr. **Von** Montag **bis** Freitag.

Wie oft?

Ein-/Zwei-/Drei- ... mal am Tag / in der Woche / im Monat.

FIT für die A1-Prüfung

1 **Wann** hat Akim Biologie?
– Er hat am Montag von 8:50 Uhr bis 9:35 Uhr und am Mittwoch von 12:15 Uhr bis 13:00 Uhr Biologie.

2 **Was** hat Akim am Donnerstag um 8:00 Uhr?
– ______

3 **Wann** hat er Erdkunde?
– ______

4 **Wie oft** hat er Englisch?
– ______

b **Fragt euch nun gegenseitig: Was? Wann? Wie oft?**

6 **a** **Mark erzählt.**

Ich heiße Mark und ich bin 12 Jahre alt. Geburtstag habe ich im Sommer, im Juli.
Mein Lieblingsfach ist Sport. Deutsch habe ich zweimal in der Woche: Am Dienstag und am Donnerstag um 16:00 Uhr nachmittags.

b **Schreib nun über dich.**

Ich heiße ...

Modelltest 1 – Hören, Teil 1

*Du hörst **drei** Nachrichten am Telefon. Zu jeder Nachricht gibt es Aufgaben.*
*Kreuz an: **a**, **b** oder **c**. Du hörst jede Nachricht **zweimal**.*

04 *Lies das Beispiel mit der Lösung.*

Beispiel

0 Wer spricht?

a 

[ ] Janina

b 

[x] Ona

c 

[ ] Vladas

*Jetzt hörst du die Nachricht vom Beispiel **zweimal**.*

05 *Lies die Aufgaben 1 und 2.*

1 Was ist das Problem von Linda?

a 

[ ] das Training

b 

[ ] die Uhrzeit

c 

[ ] eine Hausaufgabe

2 Wann soll Peter anrufen?

a 

[ ] um 3

b 

[ ] um 4

c 

[ ] um 6

*Jetzt hörst du die **erste** Nachricht am Telefon. Du hörst die erste Nachricht **noch einmal**.*
*Markiere **dann** die Lösung zu Aufgabe 1 und 2.*

Lies die Aufgaben 3 und 4.

3 Die Mädchen treffen sich ...

a

☐ bei Julia.

b

☐ zum Einkaufen.

c

☐ zum Tennisspielen.

4 Wie ist die Telefonnummer von Julia?

a

☐ 0160 – 12 13 70 5

b

☐ 0160 – 12 31 70 5

c

☐ 0160 – 12 13 17 5

Jetzt hörst du die ***zweite*** *Nachricht am Telefon. Du hörst die zweite Nachricht* ***noch einmal****.*
Markiere ***dann*** *die Lösung zu Aufgabe 3 und 4.*

Lies die Aufgaben 5 und 6.

5 Was möchte Andreas morgen machen?

a

☐ einen Filmabend

b

☐ Klavier üben

c

☐ nach Berlin fahren

6 Heute ist ...

a

Freitag | Samstag | Sonntag

☐ Freitag.

b

Freitag | Samstag | Sonntag

☐ Samstag.

c

Freitag | Samstag | Sonntag

☐ Sonntag.

Jetzt hörst du die ***dritte*** *Nachricht am Telefon. Du hörst die dritte Nachricht* ***noch einmal****.*
Markiere ***dann*** *die Lösung zu Aufgabe 5 und 6.*

Modelltest 1 – Hören, Teil 2

*Du hörst **zwei** Gespräche. Zu jedem Gespräch gibt es Aufgaben. Kreuz an: **richtig (R)** oder **falsch (F)**?*
*Du hörst jedes Gespräch **zweimal**.*

08 *Lies das Beispiel mit der Lösung.*

Beispiel

		R	F
0	Nadja geht heute ins Kino.	☐	☒

*Jetzt hörst du das Beispiel **zweimal**.*

Lies die Sätze 7, 8 und 9.

		R	F
7	Melek geht allein ins Kino.	☐	☐
8	Paul schwimmt gern.	☐	☐
9	Paul ruft seine Oma an.	☐	☐

*Jetzt hörst du das **erste** Gespräch. Du hörst das erste Gespräch **noch einmal**.*
*Markiere **dann** für die Sätze 7, 8 und 9: **richtig (R)** oder **falsch (F)**.*

09 *Lies die Sätze 10, 11 und 12.*

		R	F
10	Louisa findet Mathe langweilig.	☐	☐
11	Die Kinder mögen die Englischlehrerin.	☐	☐
12	Louisa geht am Nachmittag zu Leon.	☐	☐

*Jetzt hörst du das **zweite** Gespräch. Du hörst das zweite Gespräch **noch einmal**.*
*Markiere **dann** für die Sätze 10, 11 und 12: **richtig (R)** oder **falsch (F)**.*

FIT für die A1-Prüfung

Das ist/sind … (Wer? / Was? Nominativ)							
der	Vater	das	Kaninchen	die	Mutter	die	Eltern
ein	Vater	ein	Kaninchen	eine	Mutter	---	Eltern
mein	Vater	mein	Kaninchen	meine	Mutter	meine	Eltern
dein	Vater	dein	Kaninchen	deine	Mutter	deine	Eltern

Ich habe … gesehen. (Wen? / Was? Akkusativ)							
den	Vater	das	Kaninchen	die	Mutter	die	Eltern
einen	Vater	ein	Kaninchen	eine	Mutter	---	Eltern
meinen	Vater	mein	Kaninchen	meine	Mutter	meine	Eltern
deinen	Vater	dein	Kaninchen	deine	Mutter	deine	Eltern

Ich fahre mit … in den Urlaub. (Mit wem? Dativ)							
dem	Vater	dem	Kaninchen	der	Mutter	den	Eltern
einem	Vater	einem	Kaninchen	einer	Mutter	---	Eltern
meinem	Vater	meinem	Kaninchen	meiner	Mutter	meinen	Eltern
deinem	Vater	deinem	Kaninchen	deiner	Mutter	deinen	Eltern

1 a Wer ist das? Schreib wie im Beispiel.

Geschwister
Tante
Onkel
Großvater/Opa
~~Großmutter/Oma~~
Großeltern

1 die Mutter von deinem Vater? – meine Großmutter / meine Oma
2 die Schwester von deiner Mutter? – ________ ________
3 der Bruder von deinem Vater? – ________ ________
4 die Eltern von deinen Eltern? – ________ ________
5 der Vater von deinem Vater? – ________ ________ / ________
6 die Kinder von deinen Eltern, aber nicht du? – ________ ________

b Ergänze.

1

Das ist mein/ein ____ **Pferd**.

2

Ich habe ei ____ **Bruder**.

3

Ich fahre mit m ____ **Eltern** nach Berlin.

4

Ich gehe mit m ____ **Schwester** ins Kino.

5

Ich liebe m ____ **Hund** Tobi!

6

Mein Opa tanzt oft mit m ____ **Oma**.

FIT für die A1-Prüfung

2 a Welche Hobbys sind das? Schreib.

1 klettern

2 S _ i/S _ _ i _ a _ r _ n

3 _ u _ b a _ l _ p _ _ l e n

4 _ a _ _ e r _ a l l _ p i _ l _ _

5 _ a s _ e t _ _ l _ _ _ _ _ l e n

6 _ _ r _ _ n

7 _ _ _ t _ n

8 T _ _ n _ _ s _ i _ l _ _

9 _ _ _ w _ _ m e n

10 _ a _ d _ a l l _ p _ _ _ e n

11 _ o _ _ e _ ball s p _ _ l _ _

12 _ _ _ t e n

b Wo machst du das? Schreib in die Tabelle.

Fußball | Ski/Schi | Tennis | turnen | skaten | Volleyball | schwimmen | Basketball | Wasserball | klettern

auf dem Sportplatz	in der Sporthalle	im Park	im Schwimmbad	in den Bergen
Fußball	Fußball	Fußball		

FIT für die A1-Prüfung

3 a Welche Berufe sind das? Schreib.

der Architekt
die Hausfrau
der Lehrer
die Künstlerin
der Arzt
die Sekretärin

____

____

____

____

____

____

b Ergänze.

1	der Architekt	*die Architektin*	6	der Arzt	die ________
2	der ______mann	die Hausfrau	7	der ________	die Sekretärin
3	der Lehrer	die ________	8	der Kaufmann	die ______frau
4	der ________	die Technikerin	9	der Ingenieur	die ________
5	der ________	die Künstlerin	10	der ________	die Schauspielerin

c Wie findest du diese Berufe: *interessant, uninteressant, toll, langweilig*?

Architekt finde ich ______________, aber ______________ finde ich ______________.

______________ ist langweilig und ______________ auch. ______________ oder

______________ ist ______________.

FIT für die A1-Prüfung

Wohin?	**Wo?**
Ich gehe/fahre/renne …	Ich bin/sitze/spiele …
zum Arzt	**beim** Arzt
zu mein**en** Großeltern	**bei** mein**en** Großeltern
zu mein**em** Freund	**bei** mein**em** Freund.
zu mein**er** Freundin	**bei** mein**er** Freundin
nach Hause	zu Hause

4 a Mark erzählt. Lies und ergänze.

Mein Vater ist Lehrer von Beruf und meine Mutter ist Künstlerin.
Ich möchte Pilot werden. Das finde ich sehr interessant.
Ich surfe gern im Internet und ich reise gern. In den Ferien fahre ich oft
__________ meinen Großeltern. __________ meinen Großeltern habe ich
immer eine tolle Zeit!

b Schreib nun über dich.

Mein Vater …

____

____

____

____

____

____

____

Modelltest 1 – Lesen, Teil 1

Lies die zwei Anzeigen aus der Zeitung.

Anzeige 1

Kinder- und Jugendbasketball

Bist du 8 bis 12 Jahre alt und hast du Lust zum Basketballspielen?
Dann komm zu uns!

Wir suchen noch Mädchen und Jungen für unseren Verein.
Unsere Trainer erwarten dich jeden Dienstag und Donnerstag
von 16:00 Uhr bis 17:30 Uhr in der Sporthalle des Basketballvereins.

Informationen:
montags von 17:00 Uhr bis 21:00 Uhr
im Sekretariat des Vereins, Schulstraße 12
oder auch online

Lies das Beispiel und wähle die richtige Antwort zu den Fragen 1, 2 und 3.

Beispiel

0 Die Anzeige ist für ...

- [a] Eltern.
- [x b] Kinder.
- [c] Trainer.

1 Das Training ist ...

- [a] einmal pro Woche.
- [b] dreimal pro Woche.
- [c] zweimal pro Woche.

2 Wo kann man spielen?

- [a] auf dem Basketballplatz
- [b] in der Schule
- [c] in der Sporthalle

3 Wo kann man sich informieren?

- [a] bei den Trainern
- [b] im Internet
- [c] in der Schule

Anzeige 2

Englisch unterrichten für Kinder ab 3 Jahren

Unsere Arbeitsbücher zum Ausmalen, mit Liedern, Spielen, Bild- und Spielkarten
und
unsere lustige Handpuppe Oscar
helfen den Kindern, die Sprache zu lernen.
Und das ohne Internet!

- Gruppenunterricht vom Kindergarten bis zur Grundschule (4. Klasse) in unserer Sprachschule am Sportgeschäft *Triathlon*
- Hilfe für Gespräche mit den Eltern

Wollen Sie bei uns als Lehrer oder Lehrerin für Englisch arbeiten?

Dann schreiben Sie an: *info@englischfürkinder-leipzig.de*

Wähle die richtige Antwort zu den Fragen 4, 5 und 6.

4 Das ist eine Anzeige für …

[a] Englisch.
[b] Spiele.
[c] Sport.

5 Für wen ist die Anzeige?

[a] für Eltern
[b] für Kinder
[c] für Lehrerinnen und Lehrer

6 Was kann man machen?

[a] eine Mail schicken
[b] eine Puppe basteln
[c] online lernen

Modelltest 1 – Lesen, Teil 2

Lies die zwei Texte und das Beispiel.

Beschreibung 1

Ich bin Nele. Ich bin 11. Meine Eltern und ich wohnen in Frankfurt. Mein Opa und meine Oma wohnen nicht bei uns. Sie leben in Meiningen. Leider habe ich keine Geschwister, aber meine Freundin Amelie ist wie eine Schwester für mich. Sie geht oft schwimmen. Ich mag Schwimmen nicht. Ich spiele lieber Tennis.

Beispiel

		R	F
0	Nele möchte in Meiningen wohnen.	☐	☒

Kreuz für die Aufgaben 7, 8 und 9 ***richtig (R)*** *oder* ***falsch (F)*** *an.*

		R	F
7	Nele wohnt bei ihren Großeltern.	☐	☐
8	Nele hat eine Schwester.	☐	☐
9	Die Freundin von Nele schwimmt gern.	☐	☐

Beschreibung 2

Ich heiße Finn und bin 11. Meine Mutter, mein Bruder und ich wohnen in München. Mein Vater ist Ingenieur und arbeitet in Berlin. Deshalb wohnt er nicht bei uns. Aber am Samstag und Sonntag kommt er zu uns. Leider ist er dann oft sehr müde und schläft viel. Dann dürfen wir nicht laut sein. Das ist schade!

Kreuz für die Aufgaben 10, 11 und 12 ***richtig (R)*** *oder* ***falsch (F)*** *an.*

		R	F
10	Der Vater von Finn wohnt in München.	☐	☐
11	Finn sieht seinen Vater am Wochenende.	☐	☐
12	Finn schläft am Wochenende viel.	☐	☐

FIT für die A1-Prüfung

1 a Lies die E-Mail von Christian aus Frankreich.

b Über welche Themen schreibt Christian? Kreuz an.

Name	☒
Alter	☐
Familie	☐
Wohnort	☐
Hobbys	☐
Berufe	☐
Haustier	☐
Lieblingsfach	☐
Sprachen	☐
Brieffreundin/Brieffreund	☐

CB christian.bruno@mail.fr

Hallo!

Ich heiße Christian und bin 12 Jahre alt. Ich wohne mit meinen Eltern und meinen Großeltern in Paris. Ich habe leider keine Geschwister. Ich spiele gern Fußball und ich schwimme gern. Meine Katze heißt Minka. Ich kann sehr gut Englisch. Seit 2 Jahren lerne ich Deutsch. Deshalb suche ich eine E-Mail-Partnerin oder einen E-Mail-Partner. Wer schreibt mir auf Deutsch?

Bis bald!

c Schreib nun über dich.

Name: *Ich heiße … / Mein Name ist …*

Alter: ______________________

Familie: ______________________

Wohnort: ______________________

Hobby(s): ______________________

Haustier(e): ______________________

Sprachen: ______________________

Achte immer auf die Themen der Mail und auf die Fragen der Brieffreundin / des Brieffreundes. Schreib zu diesen Themen und antworte auf diese Frage/Fragen.

FIT für die A1-Prüfung

2 a Wie beginne ich eine E-Mail? Ordne zu.

~~Anna~~ ~~Ben~~ Clara Elias Emma Feli Finn Hannah

Henry Lea Mia Noah Paul Paula

Liebe …,	Lieber …,	Hallo …,
Liebe Anna, ______	Lieber Ben, ______	Hallo Anna, Hallo Ben,
______ ______	______ ______	______ ______
______ ______	______ ______	______ ______
______	______	______ ______
		______ ______
		______ ______
		______ ______

Du bist ein Mädchen?
Dann beende die E-Mail mit Deine

Zum Beispiel:
Tschüss!
Deine Paula

Oder schreib einfach:
Tschüss! Paula

Du bist ein Junge?
Dann schreib Dein …

Zum Beispiel:
Liebe Grüße!
Dein Paul

Oder schreib einfach:
Liebe Grüße! Paul

b Wie beende ich eine E-Mail? Was ist richtig? Kreuz an.

- Tschüss! Dein Ben ☒
- Viele Grüße! Deine Anna ☐
- Liebe Grüße! Henry ☐
- Bis bald! Elias ☐
- Guten Morgen! Dein Paul ☐
- Bis später! Dein Finn ☐
- Hallo! Deine Hannah ☐

FIT für die A1-Prüfung

Ich möchte lesen.	≠	Ich möchte nicht lesen.
Ich möchte immer lesen.	≠	Ich möchte nie lesen.
Ich möchte etwas lesen.	≠	Ich möchte nichts lesen.
Ich lese gern.	≠	Ich lese nicht gern.

Ich habe einen Hund.	≠	Ich habe keinen Hund.
Er hat ein Kaninchen.	≠	Er hat kein Kaninchen.
Sie haben eine Katze.	≠	Sie haben keine Katze.
Wir haben Fische.	≠	Wir haben keine Fische.
Die Katze hat Angst.	≠	Die Katze hat keine Angst.

3 a Schreib das Gegenteil.

1 Ich habe einen Hund. ≠ Ich habe keinen Hund.
2 Ich habe einen Bruder. ≠ Ich habe ________ ________.
3 Ich habe eine Schwester. ≠ Ich habe ________ ________.
4 Ich habe Geschwister. ≠ Ich habe ________ ________.
5 Ich habe ein Haustier. ≠ Ich habe ________ ________.
6 Ich habe Zeit. ≠ Ich habe ________ ________.

b Schreib das Gegenteil.

1 Ich tanze gern. ≠ Ich tanze nicht gern.
2 Ich skate jeden Tag. ≠ Ich skate ________ ________ ________ / ________.
3 Ich trainiere immer. ≠ Ich trainiere ________.
4 Ich möchte etwas essen. ≠ Ich möchte ________ ________.
5 Es gibt bei uns Geschäfte. ≠ Es gibt bei uns ________ ________.

4 Schreib nun deine E-Mail an Christian aus Frankreich.

Lieber Christian, deine E-Mail ist toll!

____

____

____

____

Modelltest 1 – Schreiben

Du hast diese E-Mail bekommen.
Antworte darauf bitte mit mindestens 30 Wörtern.
*Schreib bitte **nicht** mit Bleistift.*

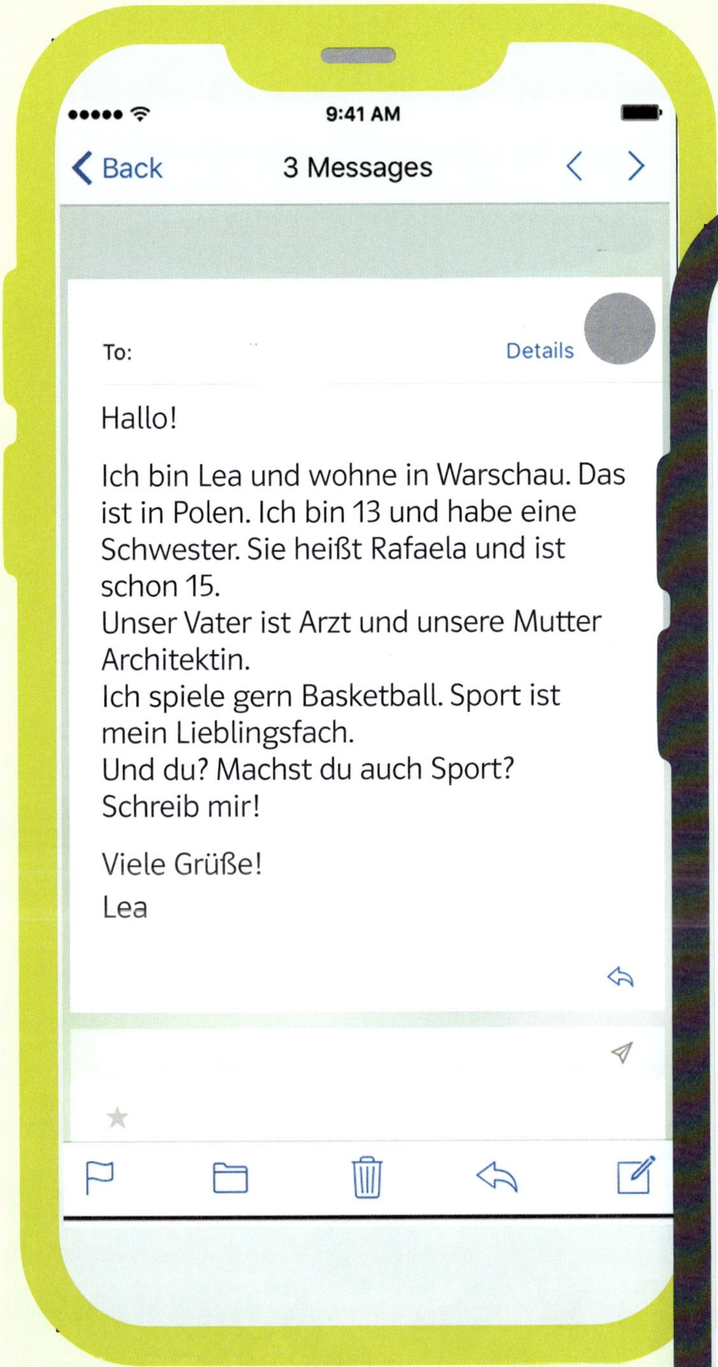

Hallo!

Ich bin Lea und wohne in Warschau. Das ist in Polen. Ich bin 13 und habe eine Schwester. Sie heißt Rafaela und ist schon 15.
Unser Vater ist Arzt und unsere Mutter Architektin.
Ich spiele gern Basketball. Sport ist mein Lieblingsfach.
Und du? Machst du auch Sport?
Schreib mir!

Viele Grüße!
Lea

Modelltest 1 – Sprechen, Teil 1

*Der Teil Sprechen ist eine **Gruppenprüfung** mit dir und maximal fünf anderen Schülerinnen und Schülern.*
*Er hat **drei Teile**.*

***Sprechen, Teil 1** ist immer gleich.*
Hier musst du dich vorstellen.
Sag mindestens vier Sätze.

Wer bist du? Stell dich vor.

Name?	Mein Name ist ________________. / Ich heiße ________________. / Ich bin ________________.
Alter?	Ich bin ________________ Jahre alt.
Land?	Ich komme aus ________________.
Wohnort?	Ich wohne in ________________.
Schule?	Ich gehe in die ________________ Schule, in die ________________ Klasse.
Sprachen?	Ich lerne Deutsch (und ________________).
Hobby?	Mein Hobby ist / Meine Hobbys sind ________________. / Ich ______________ sehr gern.

FIT für die A1-Prüfung – Teil 2

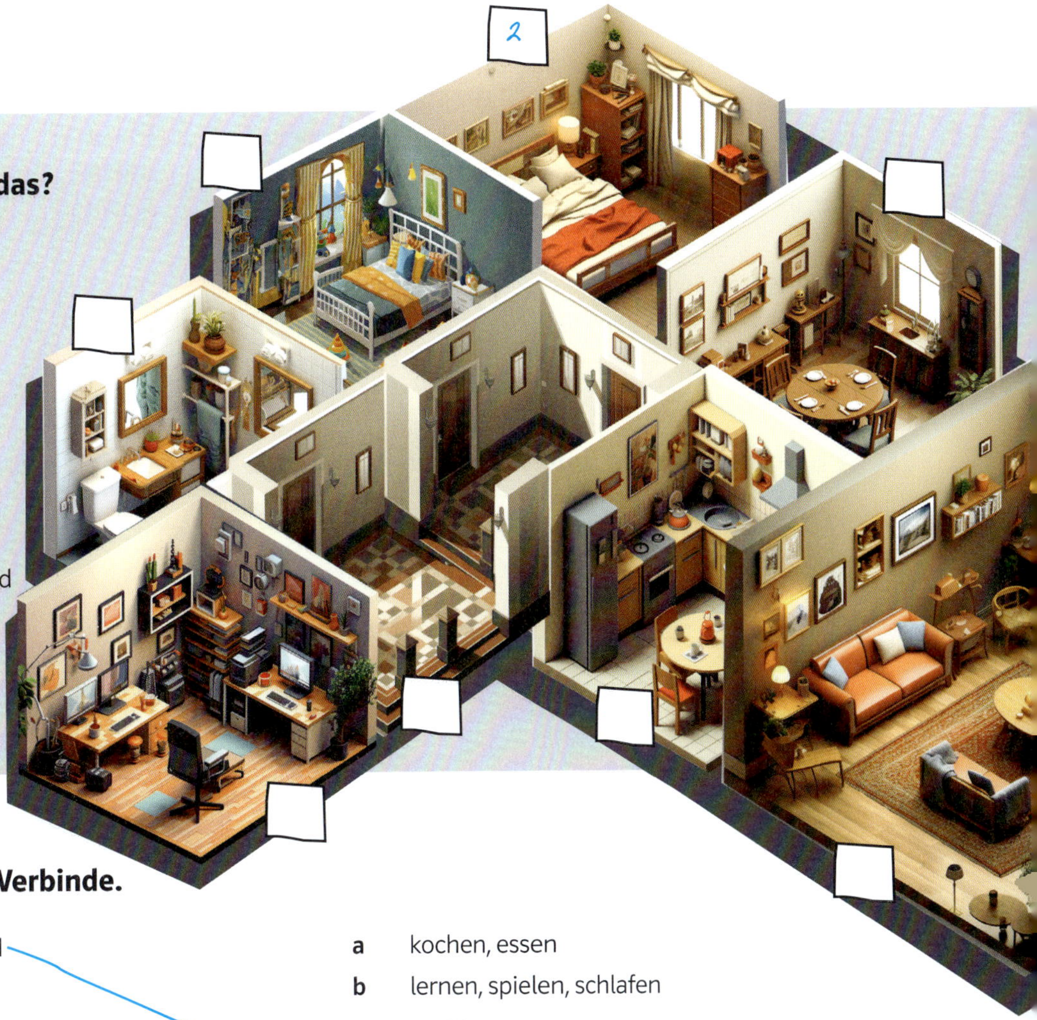

1 a Welches Zimmer ist das? Schreib die Zahlen.

1 die Küche
2 das Schlafzimmer
3 das Kinderzimmer
4 das Wohnzimmer
5 das Esszimmer
6 das Badezimmer / das Bad
7 das Arbeitszimmer
8 der Flur

b Was machst du wo? Verbinde.

1 im Badezimmer / im Bad
2 im Kinderzimmer
3 im Wohnzimmer
4 im Esszimmer
5 in der Küche
6 im Garten

a kochen, essen
b lernen, spielen, schlafen
c essen
d duschen
e fernsehen
f Fußball spielen

Beginne den Satz nicht immer mit dem Subjekt.

Ich	dusche	im Bad.
Im Bad	dusche	ich.

Das Verb ist immer auf Position 2.

c Was machst du da? Schreib Fragen und Antworten.

1 Was machst du im Bad? – Im Bad dusche ich.
2 _____ machst du im Kinderzimmer? – ________ __________________ lerne, spiele und schlafe ich.
3 _____ machst du im Wohnzimmer? – ________ sehe im Wohnzimmer fern.
4 _____ machst du im Esszimmer? – ________ __________________ esse ich.
5 _____ machst du in der Küche? – ________ _____ __________________ koche und esse ich.
6 _____ machst du im Garten? – ________ spiele im Garten Fußball.

FIT für die A1-Prüfung – Teil 2

unregelmäßige Verben

	lesen	essen	nehmen	schlafen	laufen	wissen
ich	lese	esse	nehme	schlafe	laufe	**weiß**
du	**liest**	**isst**	**nimmst**	**schläfst**	**läufst**	**weißt**
er, es, sie	**liest**	**isst**	**nimmt**	**schläft**	**läuft**	**weiß**
wir	lesen	essen	nehmen	schlafen	laufen	wissen
	sehen	*sprechen* *geben* *helfen* *treffen*		*fahren* *tragen* *waschen*		

d **Schreib Fragen und Antworten zu Aufgabe 1c. Beginne die Fragen mit dem Verb.**

1 Duschst du im Bad? – Ja, ich dusche im Bad.
2 ______ – ______
3 ______ – ______
4 ______ – ______
5 ______ – ______
6 ______ – ______

2 a **Bilde trennbare Verben.**

bringen | fahren | fangen | geben | holen | kaufen | kommen | laden | machen | nehmen | passen | räumen | rufen | stehen | steigen

trennbare Verben

fernsehen

Ich **sehe** im Wohnzimmer **fern**.
Im Wohnzimmer **sehe** ich **fern**.
Siehst du im Wohnzimmer **fern**?

ab: abfahren, ______, ______
an: ______, ______, ______, ______
auf: ______, ______, ______, ______
ein: ______, ______, ______
mit: ______, ______, ______, ______, ______
zu: ______

b **Schreib die trennbaren Verben in der richtigen Form.**

~~abholen~~ | anfangen | anrufen | aufmachen | aufpassen | einkaufen | einladen | einsteigen

Chen holt um 7:30 Uhr seine Freundin Elisa ab. Dann ______ sie zusammen in den Schulbus ______. In der Schule ______ Chen sehr gut ______. Heute ist es sehr warm. Deshalb ______ er das Fenster ______. Sein Mitschüler Alex hat am Samstag Geburtstag. Er ______ Chen zu seiner Party ______. Chen freut sich.
Um 13:00 Uhr fährt Chen nach Hause. Dort ______ er um 14:00 Uhr mit seinen Hausaufgaben ______.
Um 17:00 Uhr ______ er noch Brot und Brötchen ______. Danach ______ er Elisa ______ und sie gehen gemeinsam Fußball spielen.

Modelltest 1 – Sprechen, Teil 2

*In **Sprechen, Teil 2** musst du eine Frage an deine Partnerin / deinen Partner stellen und auf die Frage deiner Partnerin / deines Partners antworten.*

Thema: Wohnen lesen	**Thema: Wohnen** Küche
Thema: Wohnen Großeltern	**Thema: Wohnen** Geschwister
Thema: Wohnen fernsehen	**Thema: Wohnen** einladen

FIT für die A1-Prüfung – Teil 3

Mach eine **Bitte** oder **Aufforderung**!

„Fütter(e) bitte die Katze!“

„Ok. Das mache ich.“

Aufforderungen

~~du~~ geh~~st~~	Geh!
~~du~~ räum~~st~~ auf	Räum auf!
~~du~~ kauf~~st~~ ein	Kauf ein!
~~du~~ besuch~~st~~ deine Oma	Besuch deine Oma!
~~du~~ läuf~~st~~ nach Hause	Lauf nach Hause!
~~du~~ lies~~t~~ ein Buch	Lies ein Buch!
~~du~~ iss~~t~~ die Suppe	Iss die Suppe!
~~ihr~~ kommt zu uns	Kommt zu uns!
~~ihr~~ kauft am Kiosk ein	Kauft am Kiosk ein!
~~ihr~~ esst mehr Gemüse	Esst mehr Gemüse!

Stell eine **Frage**!

„Hast du eine Katze?“

„Nein, ich habe keine Katze.“

FIT für die A1-Prüfung – Teil 3

1 a **Sieh die Bilder an. Mach eine Bitte oder eine Aufforderung.**

1 

! *geben*

Gib mir bitte das Handy!

2 

! *füttern*

____

3 

! *aufräumen*

____

4 

! *besuchen*

____

5 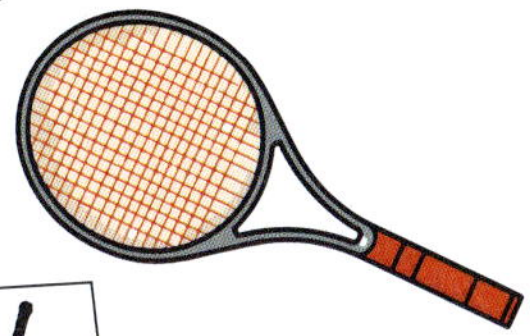

! *spielen*

____

6 

! *kaufen*

____

b **Reagiere auf die Bitten und Aufforderungen von Aufgabe 1a.**

Gut, das mache ich morgen. | ~~Hier, bitte!~~ | Ich kann jetzt nicht. | Tut mir leid! | In Ordnung! | Ja, das mache ich. | Ja, sofort. | Nein, ich habe keine Lust.

Antworte in der Prüfung nicht nur mit einem Wort.

1 Gib mir bitte das Handy! – Hier, bitte!

2 ______________________ – ______________________

3 ______________________ – ______________________

4 ______________________ – ______________________

5 ______________________ – ______________________

6 ______________________ – ______________________

FIT für die A1-Prüfung – Teil 3

2 a Was passt? Lies die Antwort und ergänze die Frage.

wann | was | welche | ~~wer~~ | wie | wie viel | wo | woher | wohin

1 Wer ist das? – Das ist Johann.
2 ______ ist das Mädchen? – Im Garten.
3 ______ habt ihr Ferien? – Im Sommer.
4 ______ Hausnummer hast du? – 52.
5 ______ machst du gern? – Ich spiele gern am Computer.
6 ______ heißt dein Hund? – Er heißt Ryan.
7 ______ kostet das Eis? – Es kostet 2 Euro.
8 ______ kommst du? – Aus Italien.
9 ______ geht der Junge? – In den Supermarkt.

mögen	**sein**
ich mag	ich bin
du magst	du bist
er/es/sie mag	er/es/sie ist
wir mögen	wir sind
ihr mögt	ihr seid
sie mögen	sie sind

b Stell Fragen. Schreib.

1 ?

lesen

Liest du ein Buch? /

Was liest du gern?

2 ? Sonntag Montag

machen

______

______

3 ?

mögen

______

______

4 ?

sein

______

______

5 ?

lernen

______

______

6 ?

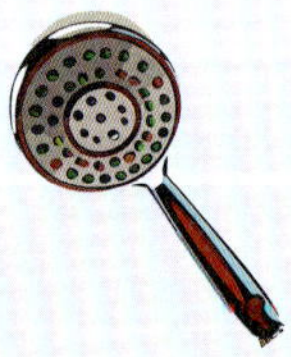

duschen

______

______

c Beantworte die Fragen von Aufgabe 2b.

1 Ja, Harry Potter. / Ich lese gern Mangas.
2 ______
3 ______
4 ______
5 ______
6 ______

Modelltest 1 – Sprechen, Teil 3

*In **Sprechen, Teil 3** zieht deine Mitschülerin / dein Mitschüler eine Karte. Sie/Er fragt dich etwas oder bittet dich um etwas. Du musst antworten.*

*Dann ziehst du eine Karte. Auf der Karte ist ein Bild mit **!** oder **?**. Deine Mitschülerin / dein Mitschüler antwortet.*

FIT für die A1-Prüfung

1 Wann ist das? Ordne zu.

abends – am Abend | mittags – am Mittag | nachmittags – am Nachmittag | nachts – in der Nacht | ~~morgens – am Morgen~~ | vormittags – am Vormittag

1

morgens

am Morgen

2

3

4

5

6

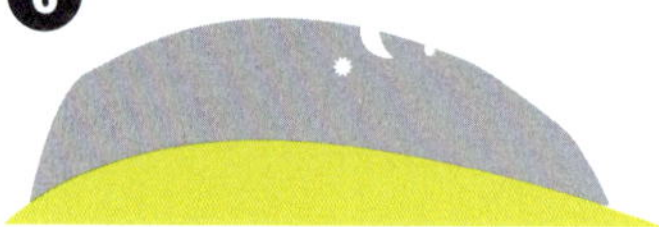

telefonieren mit + Dativ
*Ich telefoniere abends **mit** mein**en** Freunde**n**.*

anrufen + Akkusativ
*Ich rufe mein**e** Freund**e** abends an.*

2 Wann machst du das? Ordne zu.

~~aufstehen~~ | Computer spielen | ein Buch/Comic lesen | fernsehen | Freunde treffen | frühstücken | Hausaufgaben machen | nach Hause gehen | schlafen | mein Zimmer aufräumen | in die Schule gehen | Sport machen | mit Freunden telefonieren | zu Abend essen | zu Mittag essen

am Morgen / morgens	am Vormittag / vormittags	am Mittag / mittags	am Nachmittag / nachmittags	am Abend / abends	in der Nacht / nachts
aufstehen					

FIT für die A1-Prüfung

Wie spät ist es?
Es ist Viertel nach sieben.
Es ist zehn nach sieben.

Man sagt:
zuerst Viertel oder die Minuten → dann vor oder nach → am Ende die Stunden

Wie spät ist es?
Es ist halb sieben.

Man sagt:
zuerst halb → dann die Stunden

3 Hör zu, antworte und kontrolliere.

10

1 

Es ist halb acht.

2 

Es ist ______________ Uhr.

3 

Es ist ______ nach ________.

4 

Es ist Viertel ______________.

5 

Es ist ____________________.

6 

Es ist ________ vor ________.

fünf Uhr morgens = fünf Uhr am Morgen = 5:00 Uhr

fünf Uhr nachmittags = fünf Uhr am Nachmittag = 17:00 Uhr

4 Was passt? Verbinde.

1	ein Uhr mittags	23:00 Uhr
2	zwei Uhr morgens	20:00 Uhr
3	drei Uhr nachmittags	2:00 Uhr
4	vier Uhr morgens	12:00 Uhr
5	fünf Uhr morgens	13:00 Uhr
6	sechs Uhr nachmittags	9:00 Uhr
7	sieben Uhr morgens	15:00 Uhr
8	acht Uhr abends	22:00 Uhr
9	neun Uhr morgens	4:00 Uhr
10	zehn Uhr abends	7:00 Uhr
11	elf Uhr nachts	5:00 Uhr
12	zwölf Uhr mittags	18:00 Uhr

FIT für die A1-Prüfung

5 **Was hörst du? Kreuz an. Zeichne dann die Zeiger in die Uhren ein.**

11

1 9:30 Uhr ☒ 10:30 Uhr ☐ 

2 6:30 Uhr ☐ 5:30 Uhr ☐ 

3 11:30 Uhr ☐ 12:30 Uhr ☐ 

4 13:15 Uhr ☐ 12:45 Uhr ☐ 

5 6:45 Uhr ☐ 7:15 Uhr ☐ 

6 5:45 Uhr ☐ 6:15 Uhr ☐ 

7 5:10 Uhr ☐ 10:05 Uhr ☐ 

8 20:20 Uhr ☐ 19:40 Uhr ☐ 

9 7:20 Uhr ☐ 20:07 Uhr ☐ 

FIT für die A1-Prüfung

6 Was ist richtig? Kreuz an.

1 07:15 Uhr
- [x] Es ist Viertel nach sieben.
- [ ] Es ist Viertel vor sieben.

2 14:20 Uhr
- [ ] Es ist zwanzig nach vier.
- [ ] Es ist zwanzig nach zwei.

3 20:45 Uhr
- [ ] Es ist Viertel vor neun.
- [ ] Es ist Viertel vor acht.

4 16:30 Uhr
- [ ] Es ist halb fünf.
- [ ] Es ist halb vier.

5 22:10 Uhr
- [ ] Es ist zehn nach neun.
- [ ] Es ist zweiundzwanzig Uhr zehn.

6 01:05 Uhr
- [ ] Es ist eins nach fünf.
- [ ] Es ist fünf nach eins.

7 05:30 Uhr
- [ ] Es ist fünf Uhr dreißig.
- [ ] Es ist halb fünf.

8 21:40 Uhr
- [ ] Es ist vierzig nach neun.
- [ ] Es ist zwanzig vor zehn.

7 Mark erzählt. Lies und ergänze.

Ich stehe um 7:00 morgens auf. Dann frühstücke ich. Ich esse ein Brötchen mit Marmelade und trinke ein Glas Milch. Dann gehe ich zur Schule. Die Schule beginnt um 8:15 Uhr. Ich habe sechs Stunden Unterricht. Zuerst habe ich Mathe. Mein Lieblingsfach ist Sport. _______ Mittag komme ich _______ Hause. Zuerst esse ich zu Mittag. Um 15:00 Uhr mache ich meine Hausaufgaben. Ich spiele _______ 5 Uhr _______ 6 Uhr nachmittags. Danach gehe ich zum Deutschunterricht. Ich esse um 20:00 Uhr zu Abend. _______ 21:00 Uhr sehe ich einen Film im Internet. Und dann gehe ich ins Bett und schlafe.

8 Schreib nun über dich.

Ich stehe ...

____

____

____

____

____

____

Modelltest 2 – Hören, Teil 1

*Du hörst **drei** Nachrichten am Telefon. Zu jeder Nachricht gibt es Aufgaben.*
*Kreuz an: **a**, **b** oder **c**. Du hörst jede Nachricht **zweimal**.*

12 *Lies das Beispiel mit der Lösung.*

Beispiel

0 Wer spricht?

a 
☐ Janina

b 
☒ Ona

c 
☐ Vladas

*Jetzt hörst du die Nachricht vom Beispiel **zweimal**.*

13 *Lies die Aufgaben 1 und 2.*

1 Wann ist der Bus in Berlin?

a 
☐ um 8:15 Uhr

b 
☐ um 8:45 Uhr

c 
☐ um 20:00 Uhr

2 Wer fährt mit nach Berlin?

a 
☐ Theos Schwester

b 
☐ eine Freundin

c 
☐ Maras Mutter

*Jetzt hörst du die **erste** Nachricht am Telefon. Du hörst die erste Nachricht **noch einmal**.*
*Markiere **dann** die Lösung zu Aufgabe 1 und 2.*

14 *Lies die Aufgaben 3 und 4.*

3 Wann kommt Frieda an?

a 5:30

☐ am Nachmittag um halb sechs

b 7:30

☐ am Morgen um 7:30 Uhr

c 3:17

☐ am Nachmittag um 3:17 Uhr

4 Was soll Kurt mitbringen?

a 

☐ Äpfel

b 

☐ einen Apfelkuchen

c 

☐ eine Einkaufstasche

*Jetzt hörst du die **zweite** Nachricht am Telefon. Du hörst die zweite Nachricht **noch einmal**.*
*Markiere **dann** die Lösung zu Aufgabe 3 und 4.*

15 *Lies die Aufgaben 5 und 6.*

5 Was wollen Malia und Konstantin machen?

a 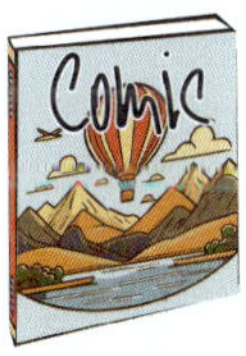

☐ Comics kaufen

b 

☐ Hausaufgaben

c 

☐ Tennis spielen

6 Wann möchte Malia lesen?

a 5:00

☐ um 17:00 Uhr

b 7:00

☐ um 19:00 Uhr

c 9:00

☐ um 21:00 Uhr

*Jetzt hörst du die **dritte** Nachricht am Telefon. Du hörst die dritte Nachricht **noch einmal**.*
*Markiere **dann** die Lösung zu Aufgabe 5 und 6.*

Modelltest 2 – Hören, Teil 2

*Du hörst **zwei** Gespräche. Zu jedem Gespräch gibt es Aufgaben. Kreuz an: **richtig (R)** oder **falsch (F)**?*
*Du hörst jedes Gespräch **zweimal**.*

16 *Lies das Beispiel mit der Lösung.*

Beispiel

		R	F
0	Nadja geht heute ins Kino.	☐	☒

*Jetzt hörst du das Beispiel **zweimal**.*

Lies Sätze 7, 8 und 9.

		R	F
7	Der Zug ist nicht pünktlich.	☐	☐
8	Am Wochenende fährt der Zug um 12:40 Uhr.	☐	☐
9	Luisa nimmt die Cola.	☐	☐

*Jetzt hörst du das **erste** Gespräch. Du hörst das erste Gespräch **noch einmal**.*
*Markiere **dann** für die Sätze 7, 8 und 9: **richtig (R)** oder **falsch (F)**.*

17 *Lies die Sätze 10, 11 und 12.*

		R	F
10	Das Museum ist morgen geschlossen.	☐	☐
11	Anton möchte nicht ins Museum gehen.	☐	☐
12	Juna möchte am Vormittag einkaufen.	☐	☐

*Jetzt hörst du das **zweite** Gespräch. Du hörst das zweite Gespräch **noch einmal**.*
*Markiere **dann** für die Sätze 10, 11 und 12: **richtig (R)** oder **falsch (F)**.*

FIT für die A1-Prüfung

1 a **Was ist das? Schreib die Wörter. Finde das Lösungswort.**

Lösungswort:

b **Artikel: der, die oder das?**
Markiere die Wörter im Rätsel: blau = der, rot = die, grün = das.

FIT für die A1-Prüfung

Ich esse gern / am liebsten Obst.
Obst ist / finde ich (sehr) lecker.
Obst schmeckt mir (gut/sehr).
Mein Lieblingsessen ist Obst.
Ich liebe Obst (sehr).
Ich mag Obst (sehr).

Für Getränke und Speisen benutzen wir das Wort *schmecken*.

Mir ~~gefällt~~ Obst. Mir schmeckt Obst.

2 Lies die Texte. Wer isst was zum Frühstück? Ordne zu.

1

2

3

4

Lisa Heine

Ich habe am Morgen immer riesigen Hunger. Deshalb esse ich ein Brötchen mit Marmelade und ein Brötchen mit Käse. Dann esse ich noch Würstchen und trinke ein Glas Milch. Und so bin ich fit für die Schule. In der Schule trinke ich mittags manchmal noch einen Saft und esse ein Stück Pizza.

☐

Frau Heine

Ich mag ja keinen Kaffee. Aber morgens habe ich immer Durst. Also trinke ich Milch und Saft zum Frühstück. Das ist gut für die Gesundheit. Dann esse ich noch Brot mit Käse und ein Ei. Manchmal esse ich Wurst. Aber gesund ist das nicht und auch nicht gut für die Tiere.

☐

Herr Heine

Also, ich brauche am Morgen Kaffee. Den trinke ich zuerst. Später im Büro trinke ich dann aber keinen Kaffee mehr. Zu dem Kaffee trinke ich auch Wasser. Ich esse ein Brötchen mit Marmelade. Mir schmecken frische Brötchen sehr. Das zweite Brötchen esse ich mit zwei Eiern.

☐

Modelltest 2 – Lesen, Teil 1

Lies die zwei Anzeigen aus der Zeitung.

Anzeige 1

Eis-Workshop

Eis aus dem Supermarkt oder im Eis-Café? Nicht bei uns! Wir machen super Eis. Möchtest du das auch lernen? Dann komm zu unseren Kursen im Alten Rathaus, im Kinderrestaurant.

✓ **Alter:** 8 bis 12 Jahre
✓ **Teilnehmende:** 5 bis 9 pro Kurs
✓ **Wann?** Juli – August, samstags 10:00 Uhr bis 13:00 Uhr
✓ **Wo?** Am Markt 2, neben der Bushaltestelle

Andere Kinder-Kurse ab Herbst:

- Kochen mit Gemüse
- Schokolade machen – so lecker!

Lies das Beispiel und wähle die richtige Antwort zu den Fragen 1, 2 und 3.

0 Das ist eine Anzeige für …

[a] ein Eis-Café.
[x] Kochkurse.
[c] ein Restaurant.

1 Wie viele Kinder dürfen den Kurs machen?

[a] 5 bis 9
[b] 8 bis 12
[c] 10 bis 13

2 Was ist nicht weit vom Kinderrestaurant?

[a] das Rathaus
[b] eine Bushaltestelle
[c] ein Supermarkt

3 Im Sommer lernt man …

[a] am Wochenende.
[b] Gemüse kochen.
[c] Schokolade machen.

Anzeige 2

Ferienspaß im Juli

Sommerferien!

Wollt ihr malen, basteln oder ein Instrument spielen lernen? Für nur 30 Euro pro Woche?

- **Montag bis Freitag:** 10:00 Uhr bis 11:30 Uhr Gitarren-Unterricht
  12:00 Uhr bis 14:00 Uhr malen und basteln
- **Wo?** im Jugendzentrum am Park

Für die Getränke und Speisen von unserem Kiosk bezahlt ihr nichts.
Telefon: 0170 98767584, montags bis sonntags 16:00 Uhr bis 20:00 Uhr, Herr Pyschek

Wähle die richtige Antwort zu den Fragen 4, 5 und 6

4 Das ist eine Anzeige für ...

[a] Freizeit.

[b] Schulunterricht.

[c] Spiele.

5 Jeden Tag kann man ...

[a] ein Instrument lernen.

[b] anrufen.

[c] malen und basteln.

6 Essen und Getränke ...

[a] muss man mitbringen.

[b] kosten 30 Euro pro Woche.

[c] sind kostenfrei.

Modelltest 2 – Lesen, Teil 2

Lies die zwei Texte und das Beispiel.

Beschreibung 1

Hallo, ich heiße Linda. Kochen ist mein Hobby. Am liebsten koche ich Speisen mit Kartoffeln. Außerdem liebe ich Fisch! Aber Fisch kochen ist schwer. Das kann ich noch nicht so gut. Meine Mutter macht das viel besser. Sie ist eine tolle Köchin! Auf Partys koche ich für meine Freunde. Das ist toll!

Beispiel

		R	F
0	Linda kocht gern.	☒	☐

*Kreuz für die Aufgaben 7, 8 und 9 **richtig (R)** oder **falsch (F)** an.*

		R	F
7	Linda isst gern Fisch.	☐	☐
8	Lindas Freunde kochen auf Partys.	☐	☐
9	Lindas Mutter kocht nicht so gut.	☐	☐

Beschreibung 2

Ich heiße Birk. Wir sind eine große Familie, denn ich habe noch drei Schwestern. Deshalb müssen wir viel einkaufen. Das mache ich mit meiner großen Schwester. Wir kochen und essen alle zusammen und räumen danach auch zusammen auf. Meine Eltern sollen ja nicht alles allein machen.

*Kreuz für die Aufgaben 10, 11 und 12 **richtig (R)** oder **falsch (F)** an.*

		R	F
10	Birk hat keine Brüder.	☐	☐
11	Die große Schwester geht mit Birk einkaufen.	☐	☐
12	Birks Eltern räumen nach dem Essen allein auf.	☐	☐

FIT für die A1-Prüfung

1 a Lies die E-Mail. Wie findest du die E-Mail? Diskutiert in der Klasse.

Verwende in deiner E-Mail auch Personalpronomen (*er, sie, wir ...*).

Meine Klassenlehrerin ist sehr nett. Meine Klassenlehrerin ist meine Lieblingslehrerin.

besser: Meine Klassenlehrerin ist sehr nett. Sie ist meine Lieblingslehrerin.

Verbinde die Sätze möglichst mit *und, oder, aber, deshalb, dann*.

Ich bin Jonetka. Ich bin 11 Jahre alt.

besser: Ich bin Jonetka und (ich) bin 11 Jahre alt.

Ich komme aus Bulgarien. Ich wohne in Athen, in Griechenland.

besser: Ich komme aus Bulgarien, aber ich wohne in Athen, in Griechenland.

Machst du auch Sport? Magst du keinen Sport?

besser: Machst du auch Sport oder magst du keinen Sport?

Meine Klassenlehrerin ist sehr nett. Meine Klassenlehrerin ist meine Lieblingslehrerin.

besser: Meine Klassenlehrerin ist sehr nett, deshalb ist sie meine Lieblingslehrerin.

Ich spiele jeden Nachmittag Wasserball. Ich mache nach dem Wasserball-Training meine Hausaufgaben.

besser: Ich spiele jeden Nachmittag Wasserball, dann mache ich meine Hausaufgaben.

9:41 AM

Back 3 Messages

To: Details VR

Hallo, ich bin Jonetka. Ich bin 11 Jahre alt. Ich komme aus Bulgarien. Ich wohne in Athen, in Griechenland. Ich gehe in die 6. Klasse. Meine Klassenlehrerin ist sehr nett. Meine Klassenlehrerin ist meine Lieblingslehrerin. Meine Klassenlehrerin unterrichtet mein Lieblingsfach: Sport. Ich spiele jeden Nachmittag Wasserball. Ich mache nach dem Wasserball-Training meine Hausaufgaben. Machst du auch Sport? Magst du keinen Sport? Schreib mir bitte!

Viele Grüße!
Jonetka

b Verbinde die Sätze mit dem Wort in Klammern.

1 Mein Name ist Tarek. Ich bin schon 12 Jahre alt. *(und)*

____.

2 Ich möchte eine Katze. Mein Bruder möchte einen Hund. *(aber)*

____.

3 Spielst du auch Gitarre? Magst du keine Musik? *(oder)*

____.

4 Ich mag Kunst. Ich mag Bio nicht. *(aber)*

____.

5 Erst dusche ich. Ich gehe frühstücken. *(dann)*

____.

6 Meine Eltern kommen erst spät nach Hause. Ich mache das Abendbrot. *(deshalb)*

____.

FIT für die A1-Prüfung

c **Schreib die E-Mail von Jonetka neu. Verwende Personalpronomen und Wörter wie** ***und, aber, oder, deshalb, dann.***

d **Antworte auf die Mail von Jonetka.**

Modelltest 2 – Schreiben

Du hast diese E-Mail bekommen.
Antworte darauf bitte mit mindestens 30 Wörtern.
*Schreib bitte **nicht** mit Bleistift.*

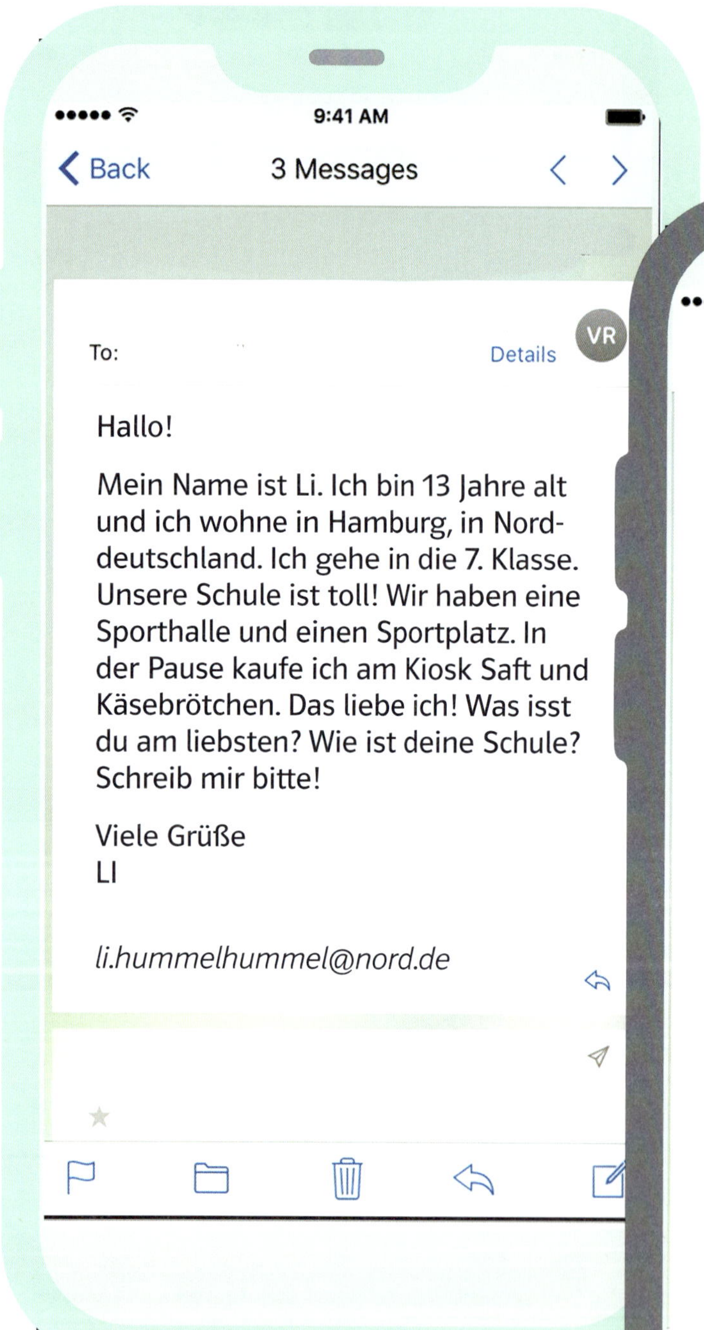

Hallo!

Mein Name ist Li. Ich bin 13 Jahre alt und ich wohne in Hamburg, in Norddeutschland. Ich gehe in die 7. Klasse. Unsere Schule ist toll! Wir haben eine Sporthalle und einen Sportplatz. In der Pause kaufe ich am Kiosk Saft und Käsebrötchen. Das liebe ich! Was isst du am liebsten? Wie ist deine Schule? Schreib mir bitte!

Viele Grüße
LI

li.hummelhummel@nord.de

Achte immer auf die Themen der Mail und auf die Fragen der Brieffreundin / des Brieffreundes. Schreib zu diesen Themen und antworte auf diese Frage/Fragen.

Modelltest 2 – Sprechen, Teil 1

Der Teil Sprechen ist eine ***Gruppenprüfung*** *mit dir und maximal fünf anderen Schülerinnen und Schülern.*
Er hat ***drei Teile****.*

Sprechen, Teil 1 *ist immer gleich.*
Hier musst du dich vorstellen.
Sag mindestens vier Sätze.

Wer bist du? Stell dich vor.

Name? | Land? | Schule? | Hobby?
Alter? | Wohnort? | Sprachen?

FIT für die A1-Prüfung – Teil 2

1 a Welche Kleidungsstücke sind das? Schreib die Zahlen in die Kästchen.

 ☐
 ☐
 ☐
 ☐

☐ 
 ☐
 ☐

1 das Hemd, die Hemden
2 die Jeans, die Jeans
3 das Kleid, die Kleider
4 der Mantel, die Mäntel
5 das T-Shirt, die T-Shirts
6 die Jacke, die Jacken
7 der Pullover, die Pullover

Die Jeans ist/sind blau.

FIT für die A1-Prüfung – Teil 2

b **Beantworte die Fragen zu Aufgabe 1a.**

1 Ist das Kleid weiß? – *Nein, es ist grün.*

2 Welche Farbe hat das Hemd? – ______________________.

3 Ist der Mantel rot? – ______________________.

4 Wie ist der Pullover? – ______________________.

5 Welche Farbe hat das T-Shirt? – ______________________.

6 Ist die Jacke schwarz? – ______________________.

7 Ist/Sind die Jeans blau? – ______________________.

2 a **Wo kaufst du ein? Verbinde.**

in der | im | am

Kiosk

Supermarkt, Internet

Mall

b **Was kaufst du wo? Schreib. Verwende die Wörter** ***immer, oft, manchmal, nie.***

Im Internet kaufe ich ...

____

____

____

____

FIT für die A1-Prüfung – Teil 2

c Lies die Antworten. Ergänze in den Fragen *wer, was, wo, wann, wie oft*.

1 Was trägst du im Winter? – Im Winter trage ich einen Pullover und Jeans.
2 ______ kauft bei euch ein? – Bei uns kaufen immer meine Eltern ein.
3 ______ kaufst du im Supermarkt? – Im Supermarkt kaufe ich Schokolade und Cola.
4 ______ kaufst du in der Mall ein? – Einmal im Monat.
5 ______ ist der Kiosk? – Der Kiosk ist in der Schule.
6 ______ trägst du T-Shirts? – Im Frühling und im Sommer.
7 ______ kauft deine Kleidung? – Meine Mutter und ich.
8 ______ macht ihr in der Mall? – Wir kaufen ein und gehen danach ins Kino.
9 ______ kostet die Jacke? – Sie kostet 35 Euro.

**d Schreib Fragen und Antworten zu Aufgabe 2c.
Beginne die Fragen immer mit dem Verb.**

1 Trägst du im Winter Pullover? – Ja, im Winter trage ich Pullover. / Nein, im Winter trage ich keine Pullover.
2 ______ deine Eltern bei euch ein? – ______
3 ______ du im Supermarkt Schokolade? – ______
4 ______ du oft in der Mall ein? – ______
5 ______ der Kiosk in der Schule? – ______
6 ______ du im Sommer ein T-Shirt? – ______
7 ______ deine Mutter deine Kleidung? – ______
8 ______ ihr in der Mall ins Kino? – ______
9 ______ die Jacke teuer? – ______

Modelltest 2 – Sprechen, Teil 2

*In **Sprechen, Teil 2** musst du eine Frage an deine Partnerin / deinen Partner stellen und auf die Frage deiner Partnerin / deines Partners antworten.*

Thema: Einkaufen kosten	**Thema: Einkaufen** Jeans
Thema: Einkaufen Supermarkt	**Thema: Einkaufen** kaufen
Thema: Einkaufen Obst	**Thema: Einkaufen** Kiosk

FIT für die A1-Prüfung – Teil 3

3 a Wie heißen die Schulsachen? Schreib mit Artikel und Plural.

1 

das Heft,
die Hefte

2 

3 

4 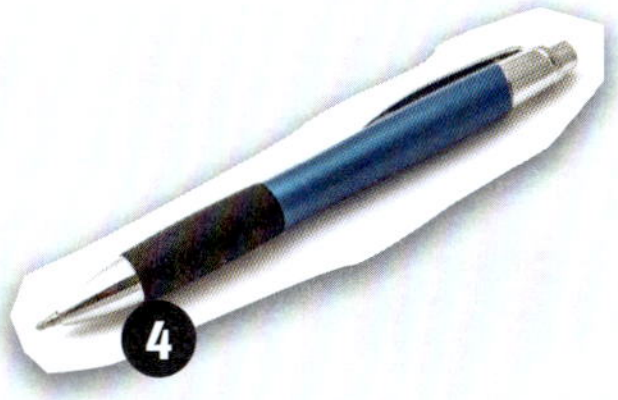

5 

6 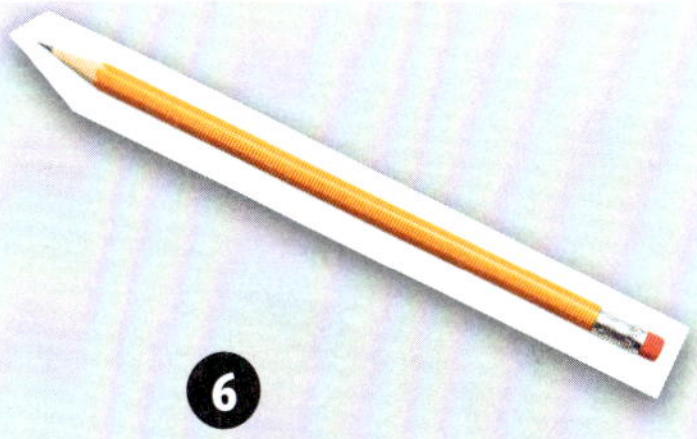

b Mach Aufforderungen und reagiere.

Zeig mir bitte
Nimm bitte
Bring mir bitte
Gib mir bitte

den
das
die
die

Buch!
Bleistift!
Kugelschreiber!
Radiergummi!
Schultasche!
Hefte!

Hier, bitte.
Ich habe keine Zeit.
Ja, gerne.
Einen Moment! Hier!
Bitte schön.

1 Bring mir bitte den Radiergummi! – Hier, bitte. / Einen Moment! Hier! / Bitte schön.
2 –
3 –
4 –
5 –
6 –

FIT für die A1-Prüfung – Teil 3

c **Stell Fragen. Schreib.**

1 

Wo?

Wo ist die Schultasche?

2 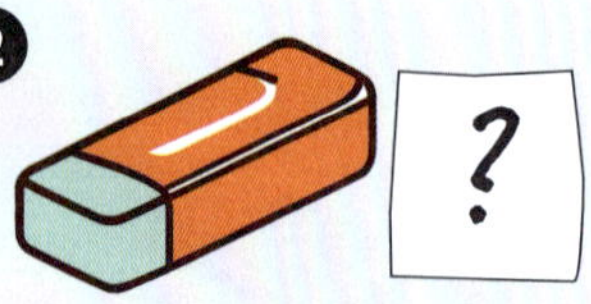

haben

Hast ...

3 

tragen

4 

essen

5 

telefonieren

6 

schmecken

d **Macht kleine Dialoge mit den Fragen von Aufgabe 1c.**

Wo ist die Schultasche?

Auf dem Schreibtisch!

Keine Ahnung!

Keine Ahnung!

Nein, ich mag keine Äpfel.

Ja, Äpfel schmecken mir.

Am Nachmittag oder am Abend.

Hier!

Nein, leider nicht.

Nein, ich finde Mäntel blöd.

Ja, natürlich.

Auf dem Schreibtisch.

Ja, hier.

Ja, im Winter.

Modelltest 2 – Sprechen, Teil 3

*In **Sprechen, Teil 3** zieht deine Mitschülerin / dein Mitschüler eine Karte. Sie/Er fragt dich etwas oder bittet dich um etwas. Du musst antworten.*

*Dann ziehst du eine Karte. Auf der Karte ist ein Bild mit **!** oder **?**. Deine Mitschülerin / dein Mitschüler antwortet.*

?

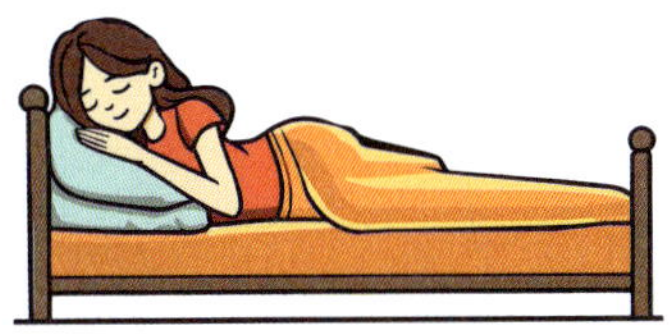

!

!

?

!

?

FIT für die A1-Prüfung

1 a Was ist das? Ordne zu.

- der Kopf, die Köpfe ☐
- das Auge, die Augen ☐
- das Haar, die Haare ☐
- der Bauch die Bäuche ☐
- der Fuß, die Füße ☐
- ☐ die Hand, die Hände
- ☐ der Hals, die Hälse
- ☐ der Arm, die Arme
- ☐ der Zahn, die Zähne
- ☐ das Bein, die Beine

Ich fahre nicht mit dem Fahrrad. Ich gehe **zu Fuß**.

FIT für die A1-Prüfung

Mein Fuß tut weh.

Meine Füße tun weh.

Mein Bauch tut weh. / Ich habe Bauchschmerzen.

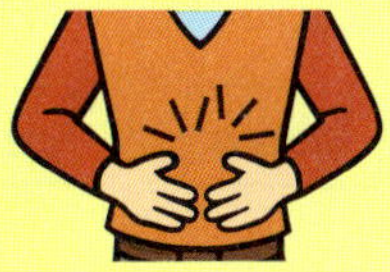

b Was tut dir weh? Verbinde.

1

2

3

4

5

6

7

- [2] a Mein Arm tut weh.
- [ ] b Meine Hand tut weh.
- [ ] c Ich habe Bauchschmerzen.
- [ ] d Meine Füße tun weh.
- [ ] e Ich habe Kopfschmerzen.
- [ ] f Ich habe Halsschmerzen.
- [ ] g Meine Augen tun weh.

FIT für die A1-Prüfung

c Was passt? Schreib.

denken | laufen | gehen | ~~nehmen~~ | ~~geben~~ | rennen | sehen

1 mit der Hand: nehmen, geben

2 mit dem Kopf: ______

3 mit den Füßen: ______

4 mit den Augen: ______

2 Wie geht es dir: prima, gut, nicht so gut oder schlecht? Bist du traurig oder froh? Schreib.

1 Du hast eine gute Note in Mathe: Ich bin froh. / Mir geht es prima.

2 Du hast Kopfschmerzen: ______

3 Du triffst heute Abend deine Freunde: ______

4 Deine Mutter kocht heute dein Lieblingsessen: ______

5 Dein Hund ist krank: ______

6 Heute scheint die Sonne: ______

7 Morgen macht deine Klasse einen Ausflug: ______

8 Du hast viele Hausaufgaben: ______

9 Heute hast du Training: ______

10 Am Samstag gehst du zu einer Party: ______

11 Dein Bauch tut weh: ______

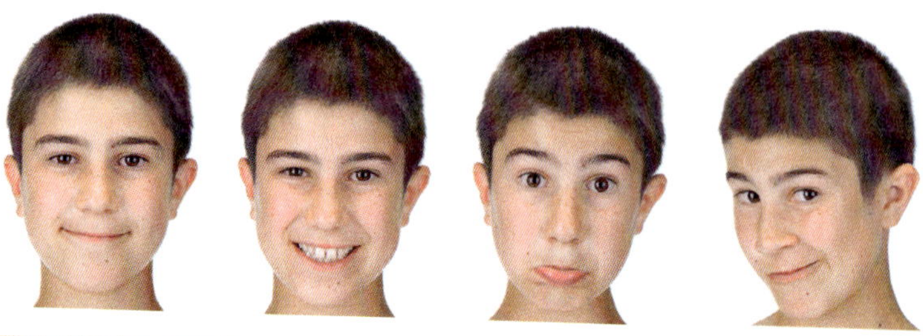

Modelltest 3 – Hören, Teil 1

*Du hörst **drei** Nachrichten am Telefon. Zu jeder Nachricht gibt es Aufgaben.*
*Kreuz an: **a, b** oder **c**. Du hörst jede Nachricht **zweimal**.*

18 *Lies das Beispiel mit der Lösung.*

Beispiel

0 Wer spricht?

a 

☐ Janina

b 

☒ Ona

c 

☐ Vladas

*Jetzt hörst du die Nachricht vom Beispiel **zweimal**.*

19 *Lies die Aufgaben 1 und 2.*

1 Was tut Ho-Jin weh?

a 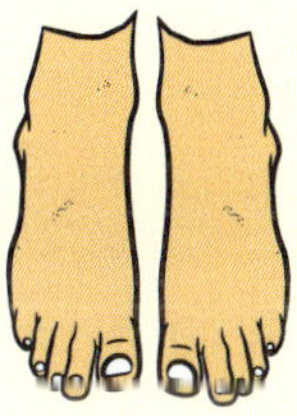

☐ die Füße

b 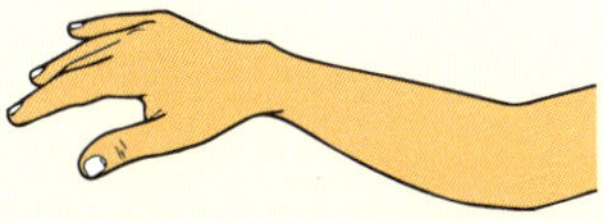

☐ der Arm

c 

☐ der Kopf

2 Ho-Jin möchte jetzt ...

a 

☐ eine Nachricht schreiben.

b 

☐ Hausaufgaben machen.

c 

☐ schlafen.

*Jetzt hörst du die **erste** Nachricht am Telefon. Du hörst die erste Nachricht **noch einmal**.*
*Markiere **dann** die Lösung zu Aufgabe 1 und 2.*

20

Lies die Aufgaben 3 und 4.

3 **Hanna ist ...**

a

☐ froh.

b

☐ traurig.

c

☐ krank.

4 **Wie sind die Augen von der Katze?**

a

☐ braun

b

☐ grau

c

☐ schwarz

*Jetzt hörst du die **zweite** Nachricht am Telefon. Du hörst die zweite Nachricht **noch einmal**.*
*Markiere **dann** die Lösung zu Aufgabe 3 und 4.*

21

Lies die Aufgaben 5 und 6.

5 **Bendix hat ...**

a

☐ Bauchschmerzen.

b

☐ Halsschmerzen.

c

☐ Kopfschmerzen.

6 **Wie kommt Bendix morgen zur Schule?**

a

☐ mit dem Auto

b

☐ mit dem Fahrrad

c

☐ zu Fuß

*Jetzt hörst du die **dritte** Nachricht am Telefon. Du hörst die dritte Nachricht **noch einmal**.*
*Markiere **dann** die Lösung zu Aufgabe 5 und 6.*

Modelltest 3 – Hören, Teil 2

*Du hörst **zwei** Gespräche. Zu jedem Gespräch gibt es Aufgaben. Kreuz an: **richtig (R)** oder **falsch (F)**?*
*Du hörst jedes Gespräch **zweimal**.*

22 *Lies das Beispiel mit der Lösung.*

Beispiel

		R	F
0	Nadja geht heute ins Kino.	☐	☒

*Jetzt hörst du das Beispiel **zweimal**.*

Lies die Sätze 7, 8 und 9.

		R	F
7	Leni geht heute zum Arzt.	☐	☐
8	Tom ist im Krankenhaus.	☐	☐
9	Tom kommt zum Ausflug mit.	☐	☐

*Jetzt hörst du das **erste** Gespräch. Du hörst das erste Gespräch **noch einmal**.*
*Markiere **dann** für die Sätze 7, 8 und 9: **richtig (R)** oder **falsch (F)**.*

23 *Lies die Sätze 10, 11 und 12.*

		R	F
10	Moritz und Ella wollen etwas essen.	☐	☐
11	Sie treffen sich um 14:15 Uhr.	☐	☐
12	Ella isst gern Fleisch.	☐	☐

*Jetzt hörst du das **zweite** Gespräch. Du hörst das zweite Gespräch **noch einmal**.*
*Markiere **dann** für die Sätze 10, 11 und 12: **richtig (R)** oder **falsch (F)**.*

FIT für die A1-Prüfung

1 a **In dem Kreis stehen sieben Verkehrsmittel. Finde sie und schreib sie mit Artikel unter das richtige Bild.**

das Auto ____________ ____________ ____________

____________ ____________ ____________ ____________

der Bus	das Fahrrad	die Bahn
mit dem Bus	mit dem Fahrrad	mit der Bahn

b **Ergänze die Verkehrsmittel von Aufgabe 1a.**

1 Ich fahre mit dem Bus, ____________.

2 Ich nehme den Bus, ____________.

3 Ich fliege mit dem Flugzeug in die Ferien.

FIT für die A1-Prüfung

Wohin?	Wo?
Ich gehe/fahre/fliege/ …	Ich bin/bleibe/…
nach Deutschland.	in Deutschland.
an den Fluss.	am Fluss.

2 a Wohin gehst, fährst oder fliegst du? Ergänze.

die Stadt · Spanien · das Schwimmbad · der Wald · der Park · der Supermarkt · die Apotheke · die Post · das Meer · das Kino · die Schule · das Theater · Berlin · der Marktplatz · der Sportplatz

ans	in die	in den	ins	nach	zur	auf den
____	Schule	____	____	____	Schule	____
	____	____	____	____	____	____
		____	____		____	

b Wo bist, wohnst, bleibst, spielst du? Ergänze mit den Wörtern von Aufgabe 2a.

am	in der	im	in	auf dem
____	Schule	____	____	____
	____	____	____	____
	____	____		
	____	____		
		____		
		____		

FIT für die A1-Prüfung

aussteigen
Der Junge steigt aus.

einsteigen
Das Mädchen steigt ein.

3 **Auf dem Bahnhof. Was ist das? Schreib.**

der Automat | das Gepäck | die Fahrkarte | ankommen | das Gleis / der Bahnsteig | abfahren | die Bushaltestelle

Modelltest 3 – Lesen, Teil 1

Lies die zwei Anzeigen aus der Zeitung.

Anzeige 1

Bist du gut in Geografie?

Finde die Städte und Länder von Nordeuropa in unserem tollen Reiserätsel!
Aber bitte ohne Lehrerinnen und Lehrer!
Unsere Europa-App kostet diese Woche nur 1,50 Euro.
Reise online in viele Länder und gewinne eine Reise nach Spanien
für 4 Personen für 1 Woche.

Klassen oder Schulen können auch teilnehmen und
eine Klassenfahrt oder einen Tages-Ausflug gewinnen.

teste dein geowissen

Lies das Beispiel und wähle die richtige Antwort zu den Fragen 1, 2 und 3.

Beispiel

0 Die Anzeige ist für ...

[a] Ausflüge und Reisen.

[b] Hilfe in Geografie.

[X] Schülerinnen und Schüler.

1 Was muss man tun?

[a] ein Quiz lösen

[b] jede Woche 1,50 Euro bezahlen

[c] mit vier Personen spielen

2 Man kann ...

[a] eine Reise gewinnen.

[b] nach Nordeuropa fahren.

[c] Spanisch lernen.

3 Wer kann nicht mitmachen?

[a] Klassen

[b] Lehrer und Lehrerinnen

[c] Schulen

Anzeige 2

Lernen und reisen mit uns!

Deutsch, Englisch oder Französisch in kleinen Klassen lernen und Freunde aus der ganzen Welt kennenlernen?

Du kommst mit dem Flugzeug, dem Bus oder dem Zug? Wir holen dich ab und bringen dich zur Sprachschule!

Noch letzte freie Plätze.
Unterricht: Mo–Fr, vormittags
Volleyball, Fußball, Basketball: nachmittags

Bücher kostenlos!
Ruf noch heute an oder schreib gleich eine E-Mail.
www.sprachenfuerdich.de

Wähle die richtige Antwort zu den Fragen 4, 5 und 6.

4 Das ist eine Anzeige für ...

- [a] Klassenreisen.
- [b] Sportreisen.
- [c] Sprachreisen.

5 Man kann ...

- [a] am Wochenende Unterricht machen.
- [b] Freunde finden.
- [c] morgens Sport machen.

6 Was muss man machen?

- [a] allein zur Schule fahren
- [b] die Bücher bezahlen
- [c] schnell anrufen oder schreiben

Modelltest 3 – Lesen, Teil 2

Lies die zwei Texte und das Beispiel.

Beschreibung 1

Ich bin Amelie. Ich bin 12 und wohne seit einem Monat in Nürnberg. Ich bin aber in München geboren. Meine Schwester ist schon 22 und feiert ihre Hochzeit nächsten Monat in Hamburg. Natürlich fahren wir dann alle nach Hamburg. Auch meine Großeltern. Ist doch klar. Sie sind schon sehr alt, aber sie wollen auch mitfeiern.

Beispiel

		R	F
0	Amelie kommt aus Hamburg.	☐	☒

Kreuz für die Aufgaben 7, 8 und 9 ***richtig (R)*** *oder* ***falsch (F)*** *an.*

		R	F
7	Amelies Schwester heiratet.	☐	☐
8	Die Familie von Amelie fährt nach Hamburg.	☐	☐
9	Die Großeltern sind zu alt für die Reise.	☐	☐

Beschreibung 2

Mein Name ist Max. Ich bin 14 und möchte im Sommer nach Italien fahren. Dort wohnt der Bruder von meiner Mutter. Meine Oma schenkt mir die Busfahrt, aber ich brauche natürlich noch mehr Geld für die Reise. Mein Taschengeld ist zu wenig. Also muss ich im Sommer arbeiten und ein bisschen Geld verdienen. Vielleicht finde ich bei der Post Arbeit.

Kreuz für die Aufgaben 10, 11 und 12 ***richtig (R)*** *oder* ***falsch (F)*** *an.*

		R	F
10	Die Mutter von Max wohnt in Italien.	☐	☐
11	Von seinem Taschengeld kann er die Reise bezahlen.	☐	☐
12	Max möchte bei der Post arbeiten.	☐	☐

FIT für die A1-Prüfung

1 Schreib die Sätze neu.

1 Ich habe leider keine Geschwister. — Leider *habe ich keine Geschwister* ______.

2 Ich lerne seit zwei Jahren Deutsch. — Deutsch ______.
Seit zwei Jahren ______.

3 Ich bin am liebsten in meinem Zimmer. — Am liebsten ______.
In meinem Zimmer ______.

4 Meine Freunde besuchen mich jeden Samstag. — Jeden Samstag ______.
Mich ______.

5 Ich bin oft im Garten und spiele mit meinem Hund. — Im Garten ______.
Oft ______.

2 Antworte auf die Fragen aus E-Mails. Schreib.

1 Hast du Haustiere?
2 Was ist dein Lieblingsessen?
3 Hast du Geschwister?
4 Was machst du gern?
5 Machst du auch gern Sport?
6 Hast du ein Lieblingsfach?
7 Was machst du in den Ferien?

1 *Leider habe ich keine Haustiere. / Ich habe einen Hund und eine Katze. / ...*
2 ______
3 ______
4 ______
5 ______
6 ______
7 ______

Achte immer auf die Themen der Mail und auf die Fragen der Brieffreundin / des Brieffreundes. Schreib zu diesen Themen und antworte auf diese Frage/Fragen.

Modelltest 3 – Schreiben

Du hast diese E-Mail bekommen.
Antworte darauf bitte mit mindestens 30 Wörtern.
*Schreib bitte **nicht** mit Bleistift.*

9:41 AM

Back 3 Messages

To: Details VR

Hallo!

Mein Name ist Joy. Ich bin 13 Jahre alt und ich wohne in Südafrika, in Johannesburg. Jetzt im Juli ist hier bei uns Winter. Ich trage dicke Pullover und Jacken. Ist bei dir auch Winter? Mir gefällt der Sommer besser. Da kann ich baden und meine Lieblingskleidung tragen.
Was machst du im Sommer? Schreib mir!

Viele Grüße
Joy

9:41 AM

Modelltest 3 – Sprechen, Teil 1

Wer bist du? Stell dich vor. Sag mindestens vier Sätze.

Name? | Land? | Schule? | Hobby?
Alter? | Wohnort? | Sprachen?

FIT für die A1-Prüfung – Teil 2

1 Lies die Texte. Was passt? Schreib.

1 ~~Er~~ | Jahre | lustig | mag | trinkt

Das ist Boogie, mein Hund. _Er_ ist schon 5 __________ alt und sehr __________. Wurst __________ er besonders gern und er __________ nur Wasser.

2 Angst | Deshalb | frisst | sehr

Meine Katze ist rot. __________ heißt sie Foxy. Sie ist noch __________ jung und hat oft __________ vor Hunden. Sie __________ gern Fleisch.

3 allein | bekommen | ich | keine | Natürlich

Goldfische möchten nicht __________ sein. Deshalb habe __________ 4 Goldfische. Sie haben __________ Namen. __________ sind sie sehr ruhig. Sie __________ jeden Tag Fischfutter.

4 braun | frisst | füttere | jeden | laufen | Lieblingspferd | ruhig

Das ist Blitz, mein __________. Es kann sehr schnell __________. Es ist __________ und weiß und sehr __________. Ich __________ es zweimal am Tag. Es __________ gern Äpfel. Ich reite __________ Tag.

Der Hund ~~isst~~ Fleisch.
Der Hund frisst Fleisch.

Ich gebe meinem Hund zweimal am Tag ~~Essen~~.
Ich gebe meinem Hund zweimal am Tag Fressen. = Ich füttere ihn zweimal am Tag.
Ich gebe meinem Goldfisch einmal am Tag Fischfutter. = Ich füttere ihn einmal am Tag.

Modelltest 3 – Sprechen, Teil 2

*In **Sprechen, Teil 2** musst du eine Frage an deine Partnerin / deinen Partner stellen und auf die Frage deiner Partnerin / deines Partners antworten.*

Thema: Tiere bekommen	**Thema: Tiere** Alter
Thema: Tiere Haustier	**Thema: Tiere** Wasser
Thema: Tiere spielen	**Thema: Tiere** Park

FIT für die A1-Prüfung – Teil 3

2 a **Stell mindestens 8 Fragen zu dem Bild. Die Wortwolke hilft. Schreib.**

1 *Wohin läuft der Hund? / Wohin bringst du den Hund?*

2 ______

3 ______

4 ______

5 ______

6 ______

7 ______

8 ______

9 ______

b **Antworte auf die Fragen von Aufgabe 1b.**

1 *Er läuft in den Garten. / Ich bringe den Hund zum Tierarzt / nach Hause.*

2 ______

3 ______

4 ______

5 ______

6 ______

7 ______

8 ______

3 **Mach Bitten oder Aufforderungen. Schreib.**

fahren: *Fahr nach Hause! / zu deinen Großeltern! / nach Berlin!*

nehmen: ______!

fliegen: ______!

mitmachen: ______!

kommen: ______!

schreiben: ______!

mitnehmen: ______!

anrufen: ______!

lernen: ______!

Modelltest 3 – Sprechen, Teil 3

*In **Sprechen, Teil 3** zieht deine Mitschülerin / dein Mitschüler eine Karte. Sie/Er fragt dich etwas oder bittet dich um etwas. Du musst antworten.*

*Dann ziehst du eine Karte. Auf der Karte ist ein Bild mit **!** oder **?**. Deine Mitschülerin / dein Mitschüler antwortet.*

FIT für die A1-Prüfung

1 a Wie heißt das? Schreib.

der/das _Laptop_,
die _Laptops_

das H__________,
______ __________
das S__________,
______ __________

der L__________,
______ __________

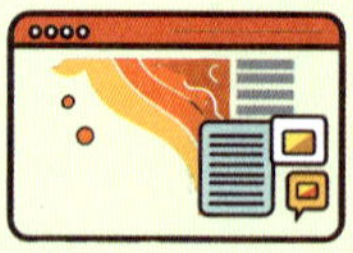

die H__________,
______ __________

der C__________,
______ __________

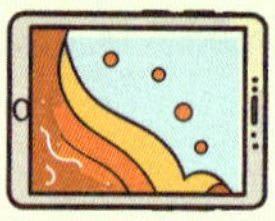

das T__________,
______ __________

b Hör den Dialog. Wer macht was? Kreuz an.

24

		Noah	Lilly
1	sitzt am Laptop	☒	☐
2	chattet	☐	☐
3	liest den Blog	☐	☐
4	schreibt den Blog	☐	☐
5	schreibt E-Mails	☐	☐
6	ist zu lange online	☐	☐
7	surft im Internet	☐	☐
8	mag interessante Links	☐	☐
9	macht eine Homepage	☐	☐

2 Wo machst du das? Schreib.

bloggen | chatten | mailen | googeln | eine Nachricht schreiben | spielen | surfen | Filme sehen | telefonieren | Informationen für die Hausaufgaben suchen | Musik hören

1 _Im Internet google ich. Ich sehe dort Filme, suche Informationen für die Hausaufgaben, … ._
2 Am Computer/Laptop __________.
3 Am Handy __________.
4 In meinem Zimmer __________.

FIT für die A1-Prüfung

3 a Was ist in deinem Zimmer? Kreuz an.

ein Laptop ☐

ein Tisch ☐

ein Handy ☐

ein Fenster ☐

ein Tablet ☐

ein Bett ☐

ein Poster ☐

eine Tür ☐

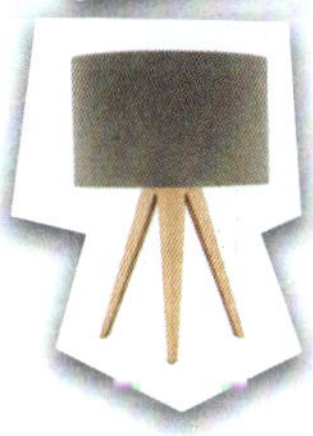
eine Lampe ☐

Bücher ☐

b Wie ist dein Zimmer? Markiere.

klein hell gemütlich groß schön hübsch toll

4 Mark erzählt.

Ich heiße Mark und (ich) bin 12 Jahre alt. Mein Zimmer ist groß und hell. Dort schlafe ich, spiele Computerspiele und mache meine Hausaufgaben. In meinem Zimmer sind ein Bett, ein Schreibtisch und ein Regal. Am Computer chatte und google ich.

5 Schreib nun über dich.

Modelltest 4 – Hören, Teil 1

*Du hörst **drei** Nachrichten am Telefon. Zu jeder Nachricht gibt es Aufgaben.*
*Kreuz an: **a**, **b** oder **c**. Du hörst jede Nachricht **zweimal**.*

25 *Lies das Beispiel mit der Lösung.*

Beispiel

0 Wer spricht?

a

☐ Janina

b

☒ Ona

c

☐ Vladas

*Jetzt hörst du die Nachricht vom Beispiel **zweimal**.*

26 *Lies die Aufgaben 1 und 2.*

1 Was möchte Mila schreiben?

a

☐ einen Blog

b

☐ eine E-Mail

c
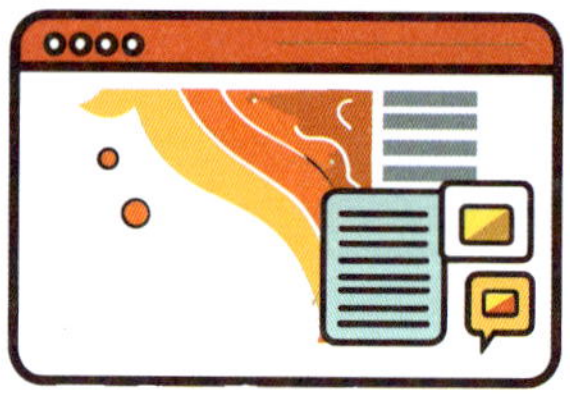
☐ eine Homepage

2 Wann kann Oskar kommen?

a

☐ um eins

b

☐ um zwei

c

☐ um halb vier

*Jetzt hörst du die **erste** Nachricht am Telefon. Du hörst die erste Nachricht **noch einmal**.*
*Markiere **dann** die Lösung zu Aufgabe 1 und 2.*

27 *Lies die Aufgaben 3 und 4.*

3 **Laura hat ...**

a

☐ eine neue E-Mail-Adresse.

b

☐ ein neues Smartphone.

c

☐ einen neuen Laptop.

4 **Was macht Laura gern?**

a

☐ im Internet surfen

b

☐ in Geschäften einkaufen

c

☐ Jakob besuchen

*Jetzt hörst du die **zweite** Nachricht am Telefon. Du hörst die zweite Nachricht **noch einmal**.*
*Markiere **dann** die Lösung zu Aufgabe 3 und 4.*

28 *Lies die Aufgaben 5 und 6.*

5 **Wo sitzt Ida?**

a

☐ im Wohnzimmer

b

☐ in der Küche

c

☐ im Garten

6 **Was möchte Ida?**

a

☐ ihre Jacke

b

☐ einen Laptop

c

☐ eine Katze

*Jetzt hörst du die **dritte** Nachricht am Telefon. Du hörst die dritte Nachricht **noch einmal**.*
*Markiere **dann** die Lösung zu Aufgabe 5 und 6.*

Modelltest 4 – Hören, Teil 2

*Du hörst **zwei** Gespräche. Zu jedem Gespräch gibt es Aufgaben. Kreuz an: **richtig (R)** oder **falsch (F)**?*
*Du hörst jedes Gespräch **zweimal**.*

29 *Lies das Beispiel mit der Lösung.*

Beispiel

		R	F
0	Nadja geht heute ins Kino.	☐	☒

*Jetzt hörst du das Beispiel **zweimal**.*

Lies die Sätze 7, 8 und 9.

		R	F
7	Alex hat keine Zeit.	☐	☐
8	Alex hat Probleme in Physik.	☐	☐
9	Lina findet Physik leicht.	☐	☐

*Jetzt hörst du das **erste** Gespräch. Du hörst das erste Gespräch **noch einmal**.*
*Markiere **dann** für die Sätze 7, 8 und 9: **richtig (R)** oder **falsch (F)**.*

30 *Lies die Sätze 10, 11 und 12.*

		R	F
10	Felix spielt mit seiner Schwester am Computer.	☐	☐
11	Freddy ist krank.	☐	☐
12	Lena und Felix wollen zusammen spazieren gehen.	☐	☐

*Jetzt hörst du das **zweite** Gespräch. Du hörst das zweite Gespräch **noch einmal**.*
*Markiere **dann** für die Sätze 10, 11 und 12: **richtig (R)** oder **falsch (F)**.*

FIT für die A1-Prüfung

Ordnungszahlen

1. **erste**
2. zweite
3. **dritte**
4. vierte

…

7. **siebte**
8. **achte**

Für Zahlen von 2 bis 19:
zwei+**te** → der, das, die zwei**te**

Für Zahlen ab 20:
zwanzig+**ste** → der, das, die zwanzig**ste**

*Ich gehe in die vier**te** Klasse.*

Datum

Heute ist **der** 25.12. — **der** fünfundzwanzigst**e** Zwölft**e**

Am 25.12. feiern wir Weihnachten. — **am** fünfundzwanzigst**en** Zwölft**en**

1 a Lies die Texte. Welches Fest ist das? Schreib.

Geburtstag | Karneval | Ostern | Weihnachten

1 Vor diesem Fest schmücken wir den Baum. Nach dem Abendessen gibt es Geschenke. Das Fest ist jedes Jahr im Dezember ____________

2 Dieses Fest ist im Frühling. Es gibt viele bunte Eier und Geschenke. ____________

3 Wir feiern dieses Fest meistens im Februar. Wir tragen lustige Kleidung und tanzen.

____

4 An diesem Tag bin ich geboren und ich feiere dieses Fest jedes Jahr mit meiner Familie und meinen Freunden. Ich bekomme an diesem Tag viele Geschenke. ____________

b Wann haben die Leute Geburtstag? Schreib.

Carolina: 05.06.

Carolina hat am fünften Sechsten Geburtstag.

Noah: 29.08.

____

Leonie und Emilie: 08.05.

____

Frau Schneider: 08.12.

____

Herr Schneider: 16.11.

____

Oma Yui: 27.07.

____

FIT für die A1-Prüfung

Wie geht **es** dir?
Es regnet viel.
Es ist sehr warm.
Es gibt viele Blumen.
Wie spät ist **es**? – **Es** ist 9:00 Uhr.

2 Lies die Texte. Wann ist das? Im Frühling, Sommer, Herbst oder Winter*? Schreib.

1 Im _Winter_ ist es sehr kalt. Wir tragen dicke Pullover, dicke Jacken und spielen im Schnee. Wir feiern Weihnachten. Der _Winter_ beginnt im Dezember und endet im Februar.

2 ______ __________ tragen wir T-Shirts, essen Eis und wir können ins Schwimmbad gehen. Wir haben lange Ferien und viele Leute fahren ans Meer, in die Berge, ins Ausland oder bleiben einfach zu Hause. ______ __________ ist von Juni bis August.

3 ______ __________ sehen wir im März die ersten Blumen und die Vögel singen wieder. Es ist noch nicht sehr warm. Aber die Sonne scheint schon. Wir feiern Ostern. Im Mai ist ______ __________ zu Ende.

4 ______ __________ gibt es Bäume in vielen Farben: rot, gelb, orange und braun. Es ist nicht mehr so warm wie im Sommer und es regnet viel. Bald gibt es nur noch wenige Blumen. Manchmal schneit es schon und im November ist ______ __________ zu Ende.

** Zur Bestimmung der Jahreszeiten wurden die meteorologischen Jahreszeiten der Nordhalbkugel zugrunde gelegt.*

3 a Du hast Geburtstag und machst eine Party. Was machst du vor, während und nach der Party? Schreib.

aufräumen | ~~Essen und Getränke einkaufen~~ | Freunde und Freundinnen einladen | Geschenke bekommen | Kuchen backen | mit meiner Mutter kochen | Musik hören | spielen | tanzen

vor der Party	während der Party	nach der Party
Essen und Getränke einkaufen	__________	__________
__________	__________	
__________	__________	
__________	__________	

b Mark erzählt. Lies und egänze.

Ich heiße Mark und habe am 21. Juli Geburtstag. Das ist im Sommer. Ich mache immer eine große Geburtstagsparty. Vor der Party ____________________, ____________________, ____________________ und ____________________. Zu meiner Party kommen ____________________. Wir ____________________, ____________________ und ____________________. Ich bekomme ____________________. Nach der Party muss ich leider ____________________.

Modelltest 4 – Lesen, Teil 1

Lies die zwei Anzeigen aus der Zeitung.

Anzeige 1

4 tolle Tage!
Für alle Kinder der 3. und 4. Klassen in Neustadt

Was ist besser als Weihnachten und Ostern? Na, klar: Karneval!
Und wir feiern natürlich!
Beginn: am 11.11. ab 11:11 Uhr
am 27.2., 28.2. und am 01.03. ab 18:00 Uhr!
Karte für einen Tag: 5 Euro.

Du kommst an allen vier Tagen?
Dann kostet es zusammen nur 15 Euro!

Wo: Speiseraum der 4. Grundschule
Informationen: im Rathaus, Raum 234 oder im Jugendzentrum „Zur Sonne"

Lies das Beispiel und wähle die richtige Antwort zu den Fragen 1, 2 und 3.

Beispiel

0 Die Anzeige ist für ...

[X] Karneval.
[b] Ostern.
[c] Weihnachten.

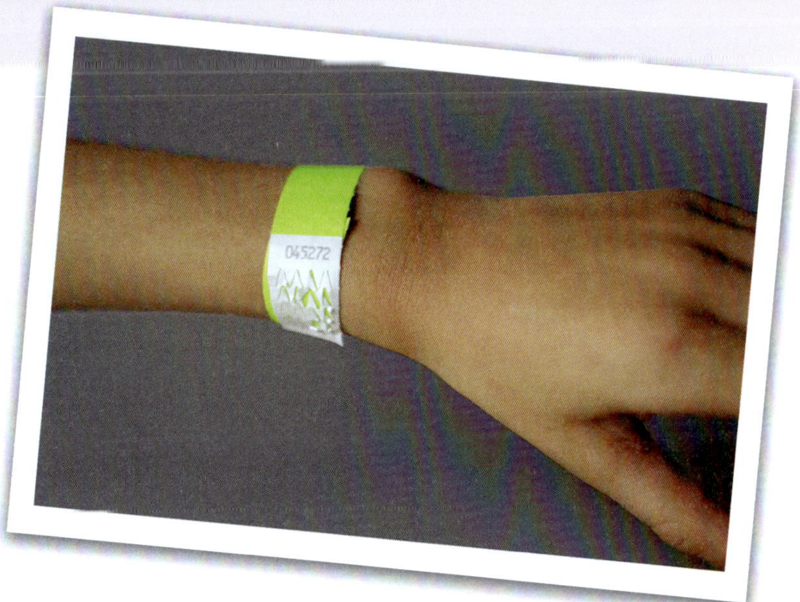

1 Wann fangen die Feiern an?

[a] im Februar
[b] im März
[c] Im November

2 Wo sind die Feiern?

[a] im Jugendzentrum
[b] im Rathaus
[c] in der 4. Grundschule

3 Wie viel kostet die Karte für 4 Tage?

[a] 4 Euro
[b] 5 Euro
[c] 15 Euro

Anzeige 2

Was schenke ich meiner Familie zu Weihnachten, zu Ostern oder zum Geburtstag? Keine Ahnung?

Noch kein Geschenk für Oma, Opa oder deine Eltern?
Zu wenig Taschengeld für die vielen Geschenke?
Bastle mit uns tolle Geschenke!
Komm zu uns in den Kinder-Bastel-Shop.
Du musst nichts mitbringen! Nur Zeit und Lust.
Bastelsachen findest du bei uns.
Jeden Mittwochnachmittag von 15:00 bis 17:00 Uhr

Kosten: 5 Euro
www.kinderbastelshop.de

Wähle die richtige Antwort zu den Fragen 4, 5 und 6.

4 Das ist eine Anzeige für ...

[a] Feiern.

[b] Geschenkideen.

[c] Taschengeld.

5 Für wen ist die Anzeige? Für ...

[a] Eltern.

[b] Großeltern.

[c] Kinder.

6 Man muss ...

[a] Bastelsachen mitbringen.

[b] etwas Zeit haben.

[c] nichts bezahlen.

Modelltest 4 – Lesen, Teil 2

Lies die zwei Texte und das Beispiel.

Beschreibung 1

Mein Name ist Louis und ich bin 10 Jahre alt. Ich bin so alt wie meine Zwillingsschwester Anna. Dieses Jahr feiert Anna ihren Geburtstag mit ihren Freundinnen im Garten und ich mit meinen Freunden im Park. Dort spielen wir und machen Picknick. Das finde ich toll! Aber Karneval mag ich am liebsten. Dann feiern wir alle zusammen.

Beispiel

		R	F
0	Anna ist 10 Jahre alt.	☒	☐

*Kreuz für die Aufgaben 7, 8 und 9 **richtig (R)** oder **falsch (F)** an.*

		R	F
7	Louis und Anna machen zusammen eine große Geburtstagsfeier.	☐	☐
8	Anna und ihre Freundinnen spielen im Park.	☐	☐
9	Karneval gefällt Louis sehr.	☐	☐

Beschreibung 2

Ich heiße Mia und gehe in die 6. Klasse. Morgen ist ein großes Sommerfest an unserer Schule. Alle feiern mit, auch unsere Eltern. Die Kinder und Eltern der 5. Klasse kaufen die Getränke. Die Klassen 1 bis 3 machen zusammen mit den Lehrern und Lehrerinnen die Pizzen. Das macht Spaß! Aber niemand räumt gerne auf. Dieses Jahr muss das die 4. Klasse machen.

*Kreuz für die Aufgaben 10, 11 und 12 **richtig (R)** oder **falsch (F)** an.*

		R	F
10	Die Schülerinnen und Schüler feiern ohne Eltern.	☐	☐
11	Die Eltern und Lehrer/Lehrerinnen helfen mit.	☐	☐
12	Aufräumen macht Spaß.	☐	☐

FIT für die A1-Prüfung

1 Moderne Hobbys. Was ist was? Ordne zu.

1  [6]

2  [ ]

3  [ ]

4  [ ]

5  [ ]

6  [ ]

a Crossminton spielen

b bouldern

c E-Langboard fahren

d Stand-Up-Paddling machen

e Padel-Tennis spielen

f Hoverboard fahren

2 Lies die Wörter zum Thema *Freundschaft*. Ordne zu.

~~auf dem Spielplatz~~ | auf Instagram | beim Sport | blond | einkaufen | Eis essen gehen | freundlich | groß | hübsch | in der Stadt | in der Mall | ins Kino gehen | im Park | klein | lieb | lustig | Padel-Tennis spielen | pünktlich | ruhig | schnell | sportlich | süß | sympathisch | traurig | vor der Schule | zu Hause

Ich treffe meine Freunde …
auf Facebook.
auf Instagram.
im Internet.

Wie können Freunde sein?	Was macht man zusammen?	Wo trifft man sich?
		auf dem Spielplatz,

Modelltest 4 – Schreiben

Du hast diese E-Mail bekommen.
Antworte darauf bitte mit mindestens 30 Wörtern.
*Schreib bitte **nicht** mit Bleistift.*

9:41 AM

Back 3 Messages

To: Details

Hi!

Wer schreibt mir auf Deutsch?
Mein Name ist Lea, ich bin 13 und ich komme aus Brüssel. Das ist in Belgien. Ich habe keine Geschwister, aber viele Freunde in der Schule. Wir treffen uns im Park und spielen zusammen Crossminton. Aber meine beste Freundin ist Lena. Sie ist sehr lustig. Hast du auch Freunde?

Tschüss
Lea

9:41 AM

FIT für die A1-Prüfung – Teil 1

Du verstehst etwas nicht in der Prüfung? Du hast einen Fehler gemacht?

Dann kannst du die Sätze von Aufgabe 1 verwenden.

1 In der Prüfung. Wie sprichst du zu einem Kind, wie zu einem Erwachsenen? Schreib.

	du sprichst zu einem Kind		du sprichst zu einem Erwachsenen
1	Ich verstehe dich nicht. Sprich bitte lauter!	–	*Ich verstehe Sie nicht. Sprechen Sie bitte lauter!*
2	Bitte wiederhole das.	–	__________
3	__________	–	Können Sie das bitte wiederholen?
4	__________	–	Sprechen Sie bitte langsam. Ich verstehe Sie nicht.
5	Oh, entschuldige bitte!	–	__________
6	Entschuldige, darf ich das noch einmal sagen?	–	__________

Modelltest 4 – Sprechen, Teil 1

Wer bist du? Stell dich vor. Sag mindestens vier Sätze.

Name? | Land? | Schule? | Hobby? | Alter? | Wohnort? | Sprachen?

FIT für die A1-Prüfung – Teil 2

2 Schreib viele Fragen zu den Karten.

Kino

Wann gehst du ins Kino?
Mit wem __________?
Wie oft __________?
Gehst __________?
Gibt es __________?

Wochenende

__________?
__________?
__________?

Internet

__________?
__________?
__________?

Modelltest 4 – Sprechen, Teil 2

*In **Sprechen, Teil 2** musst du eine Frage an deine Partnerin / deinen Partner stellen und auf die Frage deiner Partnerin / deines Partners antworten.*

Thema: Freunde Freundin / Freund	Thema: Freunde Wochenende
Thema: Freunde aussehen	Thema: Freunde zusammen
Thema: Freunde Schule	Thema: Freunde feiern

FIT für die A1-Prüfung – Teil 3

3 a Stell Fragen, mach Aufforderungen oder Bitten.

1  das Heft – wo – ist – ? → Wo ist das Heft?

2  den Radiergummi – gib – mir – bitte – ! → Gib mir bitte den Radiergummi!

3  dein – Rucksack – das – ist – ? → ______

4  der – Bus – wann – kommt – ? → ______

5 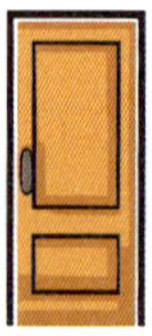 die Tür – bitte – auf – mach – ! → ______

6 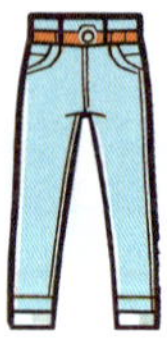 die Jeans – dir – gefällt/ gefallen – wie – ? → ______

7  Obst – bitte – mehr – iss – ! → ______

b Beantworte die Fragen und reagiere auf die Bitten oder Aufforderungen von Aufgabe 1a.

1 Es ist auf dem Tisch.
2 ______
3 ______
4 ______
5 ______
6 ______
7 ______

Modelltest 4 – Sprechen, Teil 3

*In **Sprechen, Teil 3** zieht deine Mitschülerin / dein Mitschüler eine Karte. Sie/Er fragt dich etwas oder bittet dich um etwas. Du musst antworten.*

Dann ziehst du eine Karte. Auf der Karte ist ein Bild mit **!** *oder* **?**. *Deine Mitschülerin / dein Mitschüler antwortet.*

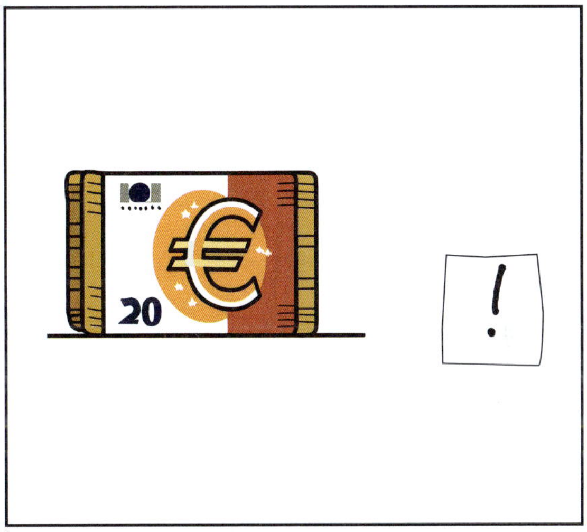

Modelltest 5 – Hören, Teil 1

*Du hörst **drei** Nachrichten am Telefon. Zu jeder Nachricht gibt es Aufgaben.*
*Kreuz an: **a**, **b** oder **c**. Du hörst jede Nachricht **zweimal**.*

31 *Lies das Beispiel mit der Lösung.*

Beispiel

0 Wer spricht?

a

☐ Janina

b

☒ Ona

c

☐ Vladas

Jetzt hörst du die Nachricht vom Beispiel zweimal.

Lies die Aufgaben 1 und 2.

1 Was will Fenja machen?

a

☐ ein Fußballspiel sehen

b

☐ Fußball spielen

c

☐ am Computer Fußball spielen

2 Fenja trifft Charlotte ...

a

☐ um drei.

b

☐ um vier.

c

☐ um sechs.

*Jetzt hörst du die **erste** Nachricht am Telefon. Du hörst die erste Nachricht **noch einmal**.*
*Markiere **dann** die Lösung zu Aufgabe 1 und 2.*

Lies die Aufgaben 3 und 4.

3 Wie findet Julian die Ferien?

a

☐ blöd

b

☐ interessant

c

☐ langweilig

4 Wo kann Leon schlafen?

a

☐ bei Ben

b

☐ bei Jan

c

☐ bei den Großeltern

*Jetzt hörst du die **zweite** Nachricht am Telefon. Du hörst die zweite Nachricht **noch einmal**.*
*Markiere **dann** die Lösung zu Aufgabe 3 und 4.*

Lies die Aufgaben 5 und 6.

5 Wann kommt die Tante?

a
Freitag | Samstag | Sonntag
☐ morgen

b
Freitag | Samstag | Sonntag
☐ in zwei Tagen

c
Freitag | Samstag | Sonntag
☐ in drei Tagen

6 Was muss Helena morgen machen?

a

☐ ihr Zimmer aufräumen

b

☐ Hausaufgaben

c

☐ zum Training gehen

*Jetzt hörst du die **dritte** Nachricht am Telefon. Du hörst die dritte Nachricht **noch einmal**.*
*Markiere **dann** die Lösung zu Aufgabe 5 und 6.*

Modelltest 5 – Hören, Teil 2

*Du hörst **zwei** Gespräche. Zu jedem Gespräch gibt es Aufgaben. Kreuz an: **richtig (R)** oder **falsch (F)**?*
*Du hörst jedes Gespräch **zweimal**.*

32

Lies das Beispiel mit der Lösung.

Beispiel

		R	F
0	Nadja geht heute ins Kino.	☐	☒

*Jetzt hörst du das Beispiel **zweimal**.*

Lies die Sätze 7, 8 und 9.

		R	F
7	Magda gefällt die neue Wohnung sehr.	☐	☐
8	Magda wohnt mit ihrer Schwester zusammen.	☐	☐
9	Tobias besucht Magda am Wochenende.	☐	☐

*Jetzt hörst du das **erste** Gespräch. Du hörst das erste Gespräch **noch einmal**.*
*Markiere **dann** für die Sätze 7, 8 und 9: **richtig (R)** oder **falsch (F)**.*

Lies die Sätze 10, 11 und 12.

		R	F
10	Basti und Nora haben Ferien.	☐	☐
11	Sie sind im Park.	☐	☐
12	Sie fahren jeden Tag mit dem Fahrrad.	☐	☐

*Jetzt hörst du das **zweite** Gespräch. Du hörst das zweite Gespräch **noch einmal**.*
*Markiere **dann** für die Sätze 10, 11 und 12: **richtig (R)** oder **falsch (F)**.*

Modelltest 5 – Lesen, Teil 1

Lies die zwei Anzeigen aus der Zeitung.

Anzeige 1

Unsere Jugendzeitung ist international!

Schreibst du gern?
Bist du 9 bis 17 Jahre alt?

Wir suchen ab November Schülerinnen und Schüler für unsere Zeitungsartikel.

Du kannst auf Deutsch oder in deiner Sprache schreiben.
Unsere Themen sind zum Beispiel:

- Reisen durch eure Heimatstadt
- Eltern und Geschwister
- Lieblingssport und Training

Ab 1.10. kannst du unser Video mit Informationen im Internet sehen.
Oder ruf jetzt an: 0170 789789

Lies das Beispiel und wähle die richtige Antwort zu den Fragen 1, 2 und 3.

Beispiel

0 Die Anzeige ist für ...

a Eltern.

☒ Kinder und Jugendliche.

c Trainer.

1 Man muss ...

a gut Deutsch sprechen.

b gerne schreiben.

c viele Sprachen sprechen.

2 Die Anzeige ist von einer ...

a Schule.

b Sprachschule.

c Zeitung.

3 Wann kann man telefonieren?

a ab Oktober

b ab November

c ab sofort

Anzeige 2

An alle Schülerinnen und Schüler!

Für unser Schulmuseum brauchen wir alles von 1970 bis 1990

Kassettenrekorder, CDs, Fotoapparate, Disco-Kleidung usw.
Habt ihr so etwas noch zu Hause? Fragt doch mal eure Eltern und Großeltern.

Wann und wo könnt ihr die Sachen abgeben?

Jeden Dienstag in der großen Pause, Raum 305
bei Isabella und Nina aus der 7a.

Leider können wir euch nichts dafür bezahlen.
Natürlich können auch Lehrerinnen und Lehrer mithelfen!

Wähle die richtige Antwort zu den Fragen 4, 5 und 6.

4 Die Jugendlichen ...

- a wollen etwas kaufen.
- b möchten ein Museum besuchen.
- c können ihre Familien fragen.

5 Für wen ist die Anzeige?

- a für Eltern
- b für Großeltern
- c für Schülerinnen, Schüler, Lehrerinnen und Lehrer

6 Man kann ...

- a die Sachen in Raum 305 bringen.
- b den Lehrerinnen und Lehrern helfen.
- c im Museum mithelfen.

Modelltest 5 – Lesen, Teil 2

Lies die zwei Texte und das Beispiel.

Beschreibung 1

Ich heiße Valentin. Ich bin 12. Meine Eltern und ich leben in Ulm. Das liegt im Süden Deutschlands. Mein Bruder wohnt nicht mehr bei uns. Wir wohnen im Norden der Stadt. Hier ist es wunderbar! Es gibt viele Bäume und Parks und natürlich die Donau. Das ist ein großer Fluss. Die Leute sind hier alle sehr freundlich.

Beispiel

		R	F
0	Valentin und sein Bruder wohnen zusammen.	☐	☒

Kreuz für die Aufgaben 7, 8 und 9 ***richtig (R)*** *oder* ***falsch (F)*** *an.*

		R	F
7	Valentin lebt im Norden Deutschlands.	☐	☐
8	Valentin mag Ulm.	☐	☐
9	Valentin findet die Menschen in Ulm nett.	☐	☐

Beschreibung 2

Ich bin Lisa. Ich bin 10 und gehe noch in die Grundschule. Später möchte ich aber gern aufs Gymnasium gehen. Was ich werden will? Das weiß ich noch nicht. Mein Vater ist Arzt. Er ist oft nicht zu Hause. Deshalb möchte ich keine Ärztin werden. In Englisch und Deutsch bin ich sehr gut. In Mathe habe ich nur eine 3.

Kreuz für die Aufgaben 10, 11 und 12 ***richtig (R)*** *oder* ***falsch (F)*** *an.*

		R	F
10	Lisas Schule ist ein Gymnasium.	☐	☐
11	Lisa möchte Ärztin werden.	☐	☐
12	Lisa hat sehr gute Noten in Deutsch und Englisch.	☐	☐

Modelltest 5 – Schreiben

Du hast diese E-Mail bekommen.
Antworte darauf bitte mit mindestens 30 Wörtern.
*Schreib bitte **nicht** mit Bleistift.*

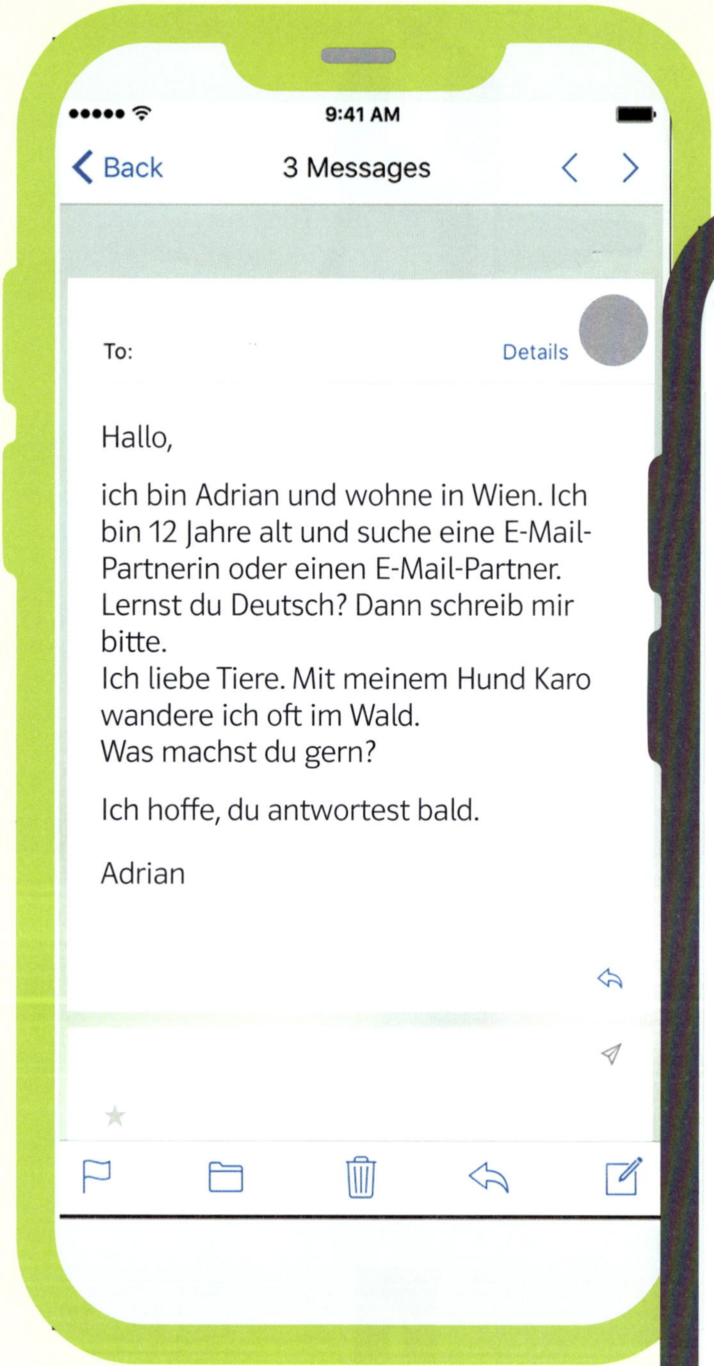

Hallo,

ich bin Adrian und wohne in Wien. Ich bin 12 Jahre alt und suche eine E-Mail-Partnerin oder einen E-Mail-Partner. Lernst du Deutsch? Dann schreib mir bitte.
Ich liebe Tiere. Mit meinem Hund Karo wandere ich oft im Wald.
Was machst du gern?

Ich hoffe, du antwortest bald.

Adrian

Modelltest 5 – Sprechen, Teil 1

**Wer bist du? Stell dich vor.
Sag mindestens vier Sätze.**

Name?	Land?	Schule?	Hobby?
Alter?	Wohnort?	Sprachen?	

Modelltest 5 – Sprechen, Teil 2

*In **Sprechen, Teil 2** musst du eine Frage an deine Partnerin / deinen Partner stellen und auf die Frage deiner Partnerin / deines Partners antworten.*

Thema: Freizeit	Thema: Freizeit
spielen	Hobby
Thema: Freizeit	Thema: Freizeit
Sport	Konzert
Thema: Freizeit	Thema: Freizeit
feiern	chatten

Modelltest 5 – Sprechen, Teil 3

*In **Sprechen, Teil 3** zieht deine Mitschülerin / dein Mitschüler eine Karte. Sie/Er fragt dich etwas oder bittet dich um etwas. Du musst antworten.*

*Dann ziehst du eine Karte. Auf der Karte ist ein Bild mit **!** oder **?**. Deine Mitschülerin / dein Mitschüler antwortet.*

ANTWORTBOGEN und BEWERTUNG

HÖREN

Teil 1

	a	b	c
1			
2			
3			
4			
5			
6			

Teil 2

	Richtig	Falsch
7		
8		
9		
10		
11		
12		

LESEN

Teil 1

	a	b	c
1			
2			
3			
4			
5			
6			

Teil 2

	Richtig	Falsch
7		
8		
9		
10		
11		
12		

Ergebnis HÖREN

_________ X 1,5 = __________ Punkte

Ergebnis LESEN

___________ Punkte

Ergebnis SCHREIBEN

_________ X 2 = __________ Punkte

Ergebnis SPRECHEN

___________ X 1,5 = __________ Punkte

Gesamtergebnis

HÖREN __________ / 18 Punkte

LESEN __________ / 12 Punkte

SCHREIBEN __________ / 12 Punkte

SPRECHEN __________ / 18 Punkte

Gesamt __________ / 60 Punkte

Modelltest 6 – Hören, Teil 1

*Du hörst **drei** Nachrichten am Telefon. Zu jeder Nachricht gibt es Aufgaben.*
*Kreuz an: **a**, **b** oder **c**. Du hörst jede Nachricht **zweimal**.*

33 *Lies das Beispiel mit der Lösung.*

Beispiel

0 Wer spricht?

a 

☐ Janina

b 

☒ Ona

c 

☐ Vladas

Jetzt hörst du die Nachricht vom Beispiel zweimal.

Lies die Aufgaben 1 und 2.

1 Wer soll einkaufen?

a 

☐ die Mutter

b 

☐ Ayla

c 

☐ Ömer

2 Wo ist das Geld?

a 

☐ in der Küche

b 

☐ im Wohnzimmer

c 

☐ im Kinderzimmer

*Jetzt hörst du die **erste** Nachricht am Telefon. Du hörst die erste Nachricht **noch einmal**.*
*Markiere **dann** die Lösung zu Aufgabe 1 und 2.*

Lies die Aufgaben 3 und 4.

3 Was möchte Miriam?

a

☐ eine Jacke

b
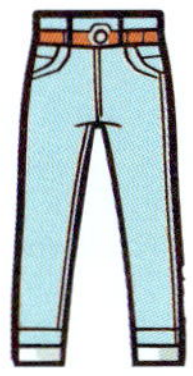
☐ eine Jeans

c

☐ ein Kleid

4 Was soll der Vater machen?

a

☐ ins Geschäft kommen

b

☐ mehr Taschengeld geben

c

☐ mit der Mutter sprechen

*Jetzt hörst du die **zweite** Nachricht am Telefon. Du hörst die zweite Nachricht **noch einmal**.*
*Markiere **dann** die Lösung zu Aufgabe 3 und 4.*

Lies die Aufgaben 5 und 6.

5 Wo wohnt Elias?

a

☐ Lessingstraße 7

b

☐ Lessingstraße 17

c

☐ Lessingstraße 71

6 Elias ...

a

☐ braucht Hilfe von Maria.

b

☐ lädt Maria zur Party ein.

c

☐ möchte mit Maria tanzen.

*Jetzt hörst du die **dritte** Nachricht am Telefon. Du hörst die dritte Nachricht **noch einmal**.*
*Markiere **dann** die Lösung zu Aufgabe 5 und 6.*

Modelltest 6 – Hören, Teil 2

*Du hörst **zwei** Gespräche. Zu jedem Gespräch gibt es Aufgaben. Kreuz an: **richtig (R)** oder **falsch (F)**?*
*Du hörst jedes Gespräch **zweimal**.*

34

Lies das Beispiel mit der Lösung.

Beispiel

		R	F
0	Nadja geht heute ins Kino.	☐	☒

*Jetzt hörst du das Beispiel **zweimal**.*

Lies die Sätze 7, 8 und 9.

		R	F
7	Beatrice möchte gern Limonade.	☐	☐
8	Im Kühlschrank sind zwei Flaschen Wasser.	☐	☐
9	Beatrice hat Hunger.	☐	☐

*Jetzt hörst du das **erste** Gespräch. Du hörst das erste Gespräch **noch einmal**.*
*Markiere **dann** für die Sätze 7, 8 und 9: **richtig (R)** oder **falsch (F)**.*

Lies die Sätze 10, 11 und 12.

		R	F
10	Raphael möchte ins Bad.	☐	☐
11	Raphael geht mit Elisabeth Eis essen.	☐	☐
12	Ines ist immer lange im Bad.	☐	☐

*Jetzt hörst du das **zweite** Gespräch. Du hörst das zweite Gespräch **noch einmal**.*
*Markiere **dann** für die Sätze 10, 11 und 12: **richtig (R)** oder **falsch (F)**.*

Modelltest 6 – Lesen, Teil 1

Lies die zwei Anzeigen aus der Zeitung.

Anzeige 1

Immer monatlich!

So ein Theater!

Die Zeitung für Lehrerinnen und Lehrer mit Lust zur Theaterarbeit an Schulen.

Themen:

- Wie bekommen Schülerinnen und Schüler Lust aufs Theaterspielen?
- Wo finde ich Hilfe von Schauspielerinnen und Schauspielern?
- Wo finde ich gute Texte?
- Wie schreibe ich Texte fürs Theater?
- Unterricht und Theater – wie geht das?

Viermal im Jahr gibt es kleine Buchgeschenke

Informationen: während der Woche
26754569 oder *info@soeintheater.at*

Lies das Beispiel und wähle die richtige Antwort zu den Fragen 1, 2 und 3.

Beispiel

0 Die Anzeige ist für ...

[X] Lehrerinnen und Lehrer.

[b] Schauspielerinnen und Schauspieler.

[c] Schülerinnen und Schüler.

1 Man findet Hilfe für ...

[a] Berufe am Theater.

[b] den Unterricht.

[c] Theaterbesuche.

2 Die Anzeige ist von ...

[a] einer Schule.

[b] einem Theater.

[c] einer Zeitung.

3 Wie oft gibt es „So ein Theater"?

[a] einmal im Monat

[b] jede Woche

[c] viermal im Jahr

Anzeige 2

Das Weihnachtszentrum

Sie brauchen für Ihre Weihnachtsfeiern an Ihrer Schule
Weihnachtsdekoration,
Weihnachtsmusik und -essen
und haben keine Zeit, in Geschäfte zu gehen?

Wir machen alles für Sie und spielen auch den Weihnachtsmann.

Preise für Weihnachtsmann:
für 15 Minuten: 40 Euro
für 30 Minuten: 65 Euro
für 60 Minuten: 90 Euro

Wähle die richtige Antwort zu den Fragen 4, 5 und 6.

4 Für wen ist die Anzeige?

a für Kinder

b für Schulen

c für Geschäfte

5 Man kann ...

a mit dem Weihnachtsmann spielen.

b Weihnachtsdekoration basteln.

c Weihnachtsessen bekommen.

6 Der Besuch des Weihnachtsmannes kostet für eine Viertelstunde ...

a 40 Euro.

b 65 Euro.

c 90 Euro.

Modelltest 6 – Lesen, Teil 2

Lies die zwei Texte und das Beispiel.

Beschreibung 1

Ich bin Emma und gehe in die achte Klasse. Ich spiele nicht Tennis, aber ich sehe gern Tennis. Gestern war ich bei einem Tennisspiel: Mein Bruder Liam gegen unseren Cousin Martin. Na ja, Martin gewinnt immer. Er hat ja auch einen tollen Tennislehrer. Mein Bruder hat keine Ahnung von Tennis. Also war das Spiel sehr langweilig. Mein Lieblingstennisspieler ist Alexander Zverev.

Beispiel

		R	F
0	Emma spielt gern Tennis.	☐	☒

Kreuz für die Aufgaben 7, 8 und 9 ***richtig (R)*** *oder* ***falsch (F)*** *an.*

		R	F
7	Liam spielt nicht gut Tennis.	☐	☐
8	Der Tennislehrer von Martin ist sehr gut.	☐	☐
9	Das Tennisspiel war super.	☐	☐

Beschreibung 2

Ich bin Markus, 13 Jahre alt und komme aus der Schweiz, aus Fribourg. Meine Muttersprache ist Französisch. Im Sommer war ich das erste Mal in Deutschland. Das Wetter und das Essen waren sehr gut. Ich liebe deutsches Essen. Meine deutsche Freundin Christine isst lieber chinesische Speisen. Die schmecken mir auch sehr gut.

Kreuz für die Aufgaben 10, 11 und 12 ***richtig (R)*** *oder* ***falsch (F)*** *an.*

		R	F
10	Markus lernt Französisch.	☐	☐
11	Markus war schon oft in Deutschland.	☐	☐
12	Markus mag deutsches und chinesisches Essen.	☐	☐

Modelltest 6 – Schreiben

Du hast diese E-Mail bekommen.
Antworte darauf bitte mit mindestens 30 Wörtern.
*Schreib bitte **nicht** mit Bleistift.*

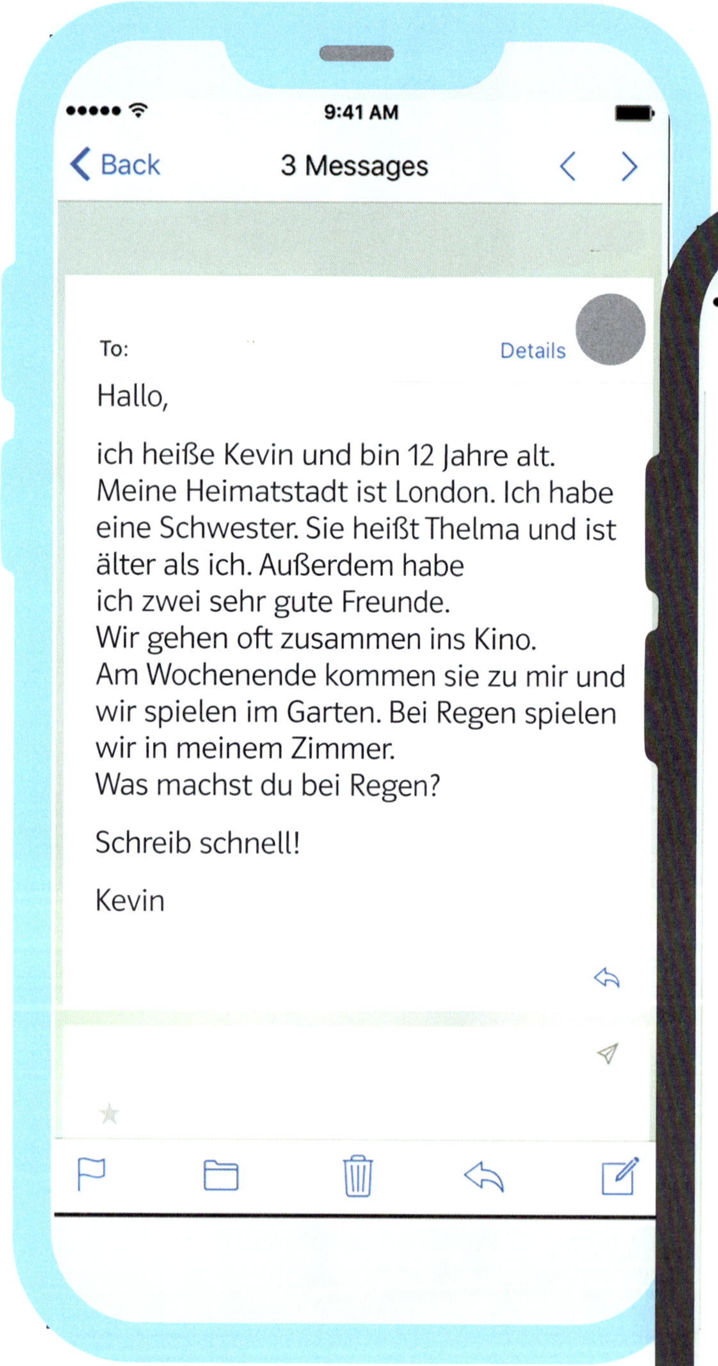

Modelltest 6 – Sprechen, Teil 1

**Wer bist du? Stell dich vor.
Sag mindestens vier Sätze.**

Name? | Land? | Schule? | Hobby?
Alter? | Wohnort? | Sprachen?

Modelltest 6 – Sprechen, Teil 2

*In **Sprechen, Teil 2** musst du eine Frage an deine Partnerin / deinen Partner stellen und auf die Frage deiner Partnerin / deines Partners antworten.*

Thema: Familie wohnen	**Thema: Familie** Beruf
Thema: Familie Haustier	**Thema: Familie** Geburtstag
Thema: Familie telefonieren	**Thema: Familie** mögen

Modelltest 6 – Sprechen, Teil 3

*In **Sprechen, Teil 3** zieht deine Mitschülerin / dein Mitschüler eine Karte. Sie/Er fragt dich etwas oder bittet dich um etwas. Du musst antworten.*

Dann ziehst du eine Karte. Auf der Karte ist ein Bild mit **!** *oder* **?**. *Deine Mitschülerin / dein Mitschüler antwortet.*

ANTWORTBOGEN und BEWERTUNG

HÖREN

Teil 1

	a	b	c
1			
2			
3			
4			
5			
6			

Teil 2

	Richtig	Falsch
7		
8		
9		
10		
11		
12		

LESEN

Teil 1

	a	b	c
1			
2			
3			
4			
5			
6			

Teil 2

	Richtig	Falsch
7		
8		
9		
10		
11		
12		

Ergebnis HÖREN

_________ X 1,5 = __________ Punkte

Ergebnis LESEN

___________ Punkte

Ergebnis SCHREIBEN

_________ X 2 = __________ Punkte

Ergebnis SPRECHEN

___________ X 1,5 = __________ Punkte

Gesamtergebnis

HÖREN __________ / 18 Punkte

LESEN __________ / 12 Punkte

SCHREIBEN __________ / 12 Punkte

SPRECHEN __________ / 18 Punkte

Gesamt __________ / 60 Punkte

HÖREN

Modelltest 7 – Hören, Teil 1

7

*Du hörst **drei** Nachrichten am Telefon. Zu jeder Nachricht gibt es Aufgaben.*
*Kreuz an: **a**, **b** oder **c**. Du hörst jede Nachricht **zweimal**.*

35 *Lies das Beispiel mit der Lösung.*

Beispiel

0 Wer spricht?

a

☐ Janina

b

☒ Ona

c

☐ Vladas

Jetzt hörst du die Nachricht vom Beispiel zweimal.

Lies die Aufgaben 1 und 2.

1 Was tut Max weh?

a

☐ der Hals

b

☐ die Ohren

c

☐ der Bauch

2 Wer geht heute nicht in die Schule?

a

☐ Henri

b

☐ Max

c

☐ David

*Jetzt hörst du die **erste** Nachricht am Telefon. Du hörst die erste Nachricht **noch einmal**.*
*Markiere **dann** die Lösung zu Aufgabe 1 und 2.*

Lies die Aufgaben 3 und 4.

3 **Wen sucht Matteo?**

a

☐ Loris

b

☐ Anton

c

☐ Emil

4 **Matteo und sein Freund wollen ...**

a
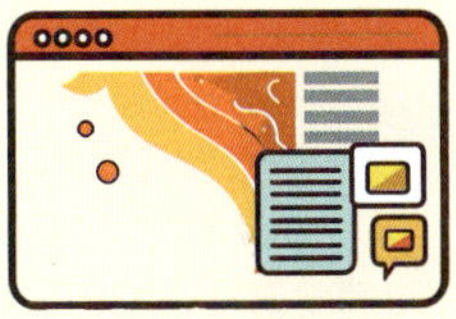
☐ eine Homepage machen.

b

☐ ein Handy reparieren.

c

☐ Antons Schwester etwas fragen.

*Jetzt hörst du die **zweite** Nachricht am Telefon. Du hörst die erste Nachricht **noch einmal**. Markiere **dann** die Lösung zu Aufgabe 3 und 4.*

Lies die Aufgaben 5 und 6.

5 **Für wann sind die Chemie-Hausaufgaben?**

a
heute
morgen
nächste Woche

☐ heute

b
heute
morgen
nächste Woche

☐ morgen

c
heute
morgen
nächste Woche

☐ nächste Woche

6 **Mias Mutter ...**

a

☐ hat Mias Schlüssel.

b

☐ ist bei Mias Oma.

c
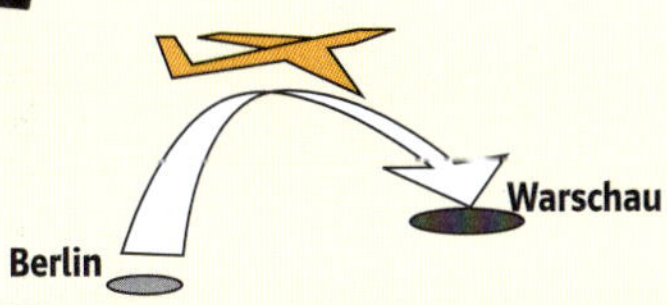

☐ ist im Ausland.

*Jetzt hörst du die **dritte** Nachricht am Telefon. Du hörst die dritte Nachricht **noch einmal**. Markiere **dann** die Lösung zu Aufgabe 5 und 6.*

Modelltest 7 – Hören, Teil 2

Du hörst ***zwei*** *Gespräche. Zu jedem Gespräch gibt es Aufgaben. Kreuz an:* ***richtig (R)*** *oder* ***falsch (F)****?*
Du hörst jedes Gespräch ***zweimal****.*

36 *Lies das Beispiel mit der Lösung.*

Beispiel

		R	F
0	Nadja geht heute ins Kino.	☐	☒

Jetzt hörst du das Beispiel ***zweimal****.*

Lies die Sätze 7, 8 und 9.

		R	F
7	Das Mädchen sucht eine Bushaltestelle.	☐	☐
8	Alle Busse fahren zum Rathaus.	☐	☐
9	Das Mädchen soll links und dann rechts gehen.	☐	☐

Jetzt hörst du das ***erste*** *Gespräch. Du hörst das erste Gespräch* ***noch einmal****.*
Markiere ***dann*** *für die Sätze 7, 8 und 9:* ***richtig (R)*** *oder* ***falsch (F)****.*

Lies die Sätze 10, 11 und 12.

		R	F
10	Die Plätze sind besetzt.	☐	☐
11	Der Film fängt gleich an.	☐	☐
12	Die Jugendlichen bleiben im Kino.	☐	☐

Jetzt hörst du das ***zweite*** *Gespräch. Du hörst das zweite Gespräch* ***noch einmal****.*
Markiere ***dann*** *für die Sätze 10, 11 und 12:* ***richtig (R)*** *oder* ***falsch (F)****.*

Modelltest 7 – Lesen, Teil 1

Lies die zwei Anzeigen aus der Zeitung.

Anzeige 1

Handylampen-Konzert mit der Band *Pif Paf Poltrie*

Der Sommer ist zu Ende, aber der Winter ist noch nicht da.
Pünktlich zum Herbstanfang startet unser Konzert im Stadtpark.
Lasst eure Eltern zu Hause!
Singt und tanzt mit und macht eure Handylampen an!
Außerdem wandern wir mit cooler Musik und unseren Handylampen durch die Nacht.

Das Konzert ist von 19:00 Uhr bis 22:00 Uhr,
aber ihr könnt schon um 17:00 Uhr kommen.

Wichtig: Vergesst eure Handys nicht! Es wird euer bester Freund für den Abend! Geld braucht ihr nicht.

Tickets nur online!

Lies das Beispiel und wähle die richtige Antwort zu den Fragen 1, 2 und 3.

Beispiel

0 Das Konzert ist im ...

a Frühling.

b Winter.

☒ Herbst.

1 Was kann man machen?

a wandern

b an Handys online spielen

c mit der Band Musik machen

2 Wann beginnt das Konzert?

a um 17:00 Uhr

b um 19:00 Uhr

c um 22:00 Uhr

3 Man muss ...

a den besten Freund mitbringen.

b die Eltern mitbringen.

c ein Handy mitbringen

Anzeige 2

Hilfe in Geschichte

Deine Lehrerin / Dein Lehrer erklärt nicht gut oder du verstehst ihn/sie nicht?

Ich helfe dir!

- Zweimal pro Woche 60 Minuten (gerne auch in Gruppen)
- online
- nachmittags ab 15:30 Uhr, aber nicht samstags und sonntags

Du möchtest mich kennenlernen?

Ich heiße Urs, bin aus der 8a, habe kurze braune Haare
und bin nach der Schule (14:30 Uhr)
montags in der **Bibliothek** und **mittwochs** immer im **Schüler-Café**.

Wähle die richtige Antwort zu den Fragen 4, 5 und 6.

4 Die Anzeige ist von ...

[a] einem Lehrer.

[b] einem Schüler.

[c] einer Schüler-Hilfe-Gruppe.

5 Wann ist der Unterricht?

[a] am Wochenende

[b] montags bis freitags

[c] um 14:30 Uhr

6 Der Unterricht ist ...

[a] im Schüler-Café.

[b] in der Bibliothek.

[c] online.

Modelltest 7 – Lesen, Teil 2

Lies die zwei Texte und das Beispiel.

Beschreibung 1

Ich heiße Marc, bin 13 Jahre alt und wohne jetzt einen Monat in Köln. Meine Eltern arbeiten hier am Theater. Ich komme aber aus Leipzig. Meine Lieblingsmannschaft im Fußball bleibt natürlich der RB Leipzig und ist nicht der FC Köln. In meiner Schule lieben alle den FC Köln. Das ist nicht ganz leicht für mich. Na ja, aber ein Problem ist das natürlich auch nicht.

Beispiel

		R	F
0	Marc wohnt noch nicht lange in Köln.	☒	☐

Kreuz für die Aufgaben 7, 8 und 9 ***richtig (R)*** *oder* ***falsch (F)*** *an.*

		R	F
7	Marcs Eltern sind Theaterangestellte.	☐	☐
8	Marc hat eine neue Lieblingsmannschaft.	☐	☐
9	Marc hat Probleme in der Schule.	☐	☐

Beschreibung 2

Ich bin Verena und gehe in die 7. Klasse. In Mathe hatte ich in der 6. Klasse gute Noten. Im letzten Zeugnis hatte ich aber in Mathe eine Drei, war also nicht so gut. Vielleicht bekomme ich im nächsten Zeugnis nur eine Vier. Jetzt sagt mein Vater, ich muss zu Hause bleiben und allein Mathe üben. Auch sonntags! Ein Sonntag ohne meine Freundinnen ist langweilig.

Kreuz für die Aufgaben 10, 11 und 12 ***richtig (R)*** *oder* ***falsch (F)*** *an.*

		R	F
10	Verena war früher besser in Mathe.	☐	☐
11	Der Vater hilft Verena in Mathe.	☐	☐
12	Verena findet ihre Freundinnen langweilig.	☐	☐

Modelltest 7 – Schreiben

Du hast diese E-Mail bekommen.
Antworte darauf bitte mit mindestens 30 Wörtern.
*Schreib bitte **nicht** mit Bleistift.*

Hallo,

ich heiße Christopher und bin 14 Jahre alt. Ich komme aus Braunschweig. Das ist im Westen Deutschlands.
Ich habe drei Geschwister. Deshalb leben wir in einem großen Haus. Meine zwei Schwestern wohnen in einem Zimmer und ich wohne mit meinem Bruder in einem anderen Zimmer.
Wohnst du allein in deinem Zimmer?
In unserem Zimmer stehen jetzt zwei Computer. Das ist toll! Wie ist dein Zimmer?
Bitte schreib mir!

Christopher

Modelltest 7 – Sprechen, Teil 1

Wer bist du? Stell dich vor.
Sag mindestens vier Sätze.

Name?	Land?	Schule?	Hobby?
Alter?	Wohnort?	Sprachen?	

Modelltest 7 – Sprechen, Teil 2

*In **Sprechen, Teil 2** musst du eine Frage an deine Partnerin / deinen Partner stellen und auf die Frage deiner Partnerin / deines Partners antworten.*

Thema: Schule gehen	**Thema: Schule** Band
Thema: Schule Fächer	**Thema: Schule** Schulsachen
Thema: Schule lernen	**Thema: Schule** brauchen

Modelltest 7 – Sprechen, Teil 3

*In **Sprechen, Teil 3** zieht deine Mitschülerin / dein Mitschüler eine Karte. Sie/Er fragt dich etwas oder bittet dich um etwas. Du musst antworten.*

Dann ziehst du eine Karte. Auf der Karte ist ein Bild mit **!** *oder* **?**. *Deine Mitschülerin / dein Mitschüler antwortet.*

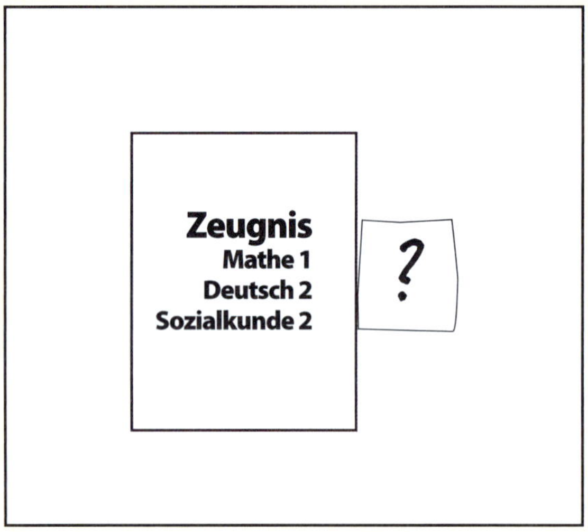

ANTWORTBOGEN und BEWERTUNG

HÖREN

Teil 1

	a	b	c
1			
2			
3			
4			
5			
6			

Teil 2

	Richtig	Falsch
7		
8		
9		
10		
11		
12		

LESEN

Teil 1

	a	b	c
1			
2			
3			
4			
5			
6			

Teil 2

	Richtig	Falsch
7		
8		
9		
10		
11		
12		

Ergebnis HÖREN

__________ X 1,5 = __________ Punkte

Ergebnis LESEN

__________ Punkte

Ergebnis SCHREIBEN

__________ X 2 = __________ Punkte

Ergebnis SPRECHEN

__________ X 1,5 = __________ Punkte

Gesamtergebnis

HÖREN __________ / 18 Punkte

LESEN __________ / 12 Punkte

SCHREIBEN __________ / 12 Punkte

SPRECHEN __________ / 18 Punkte

Gesamt __________ / 60 Punkte

Modelltest 8 – Hören, Teil 1

*Du hörst **drei** Nachrichten am Telefon. Zu jeder Nachricht gibt es Aufgaben.*
*Kreuz an: **a**, **b** oder **c**. Du hörst jede Nachricht **zweimal**.*

37 *Lies das Beispiel mit der Lösung.*

Beispiel

0 Wer spricht?

a

☐ Janina

b

☒ Ona

c

☐ Vladas

*Jetzt hörst du die Nachricht vom Beispiel **zweimal**.*

Lies die Aufgaben 1 und 2.

1 Was haben die Jungen heute nicht?

a

☐ Deutsch

b

☐ Geografie

c

☐ Tanzen

2 Was möchte Nick am Nachmittag machen?

a

☐ zu seinem Bruder gehen

b

☐ ins Kino gehen

c

☐ Freunde treffen

*Jetzt hörst du die **erste** Nachricht am Telefon. Du hörst die erste Nachricht **noch einmal**.*
*Markiere **dann** die Lösung zu Aufgabe 1 und 2.*

Lies die Aufgaben 3 und 4.

3 Wann ist der Freizeitpark geschlossen?

a

FEB

24	25	26	27	28

☐ am 24.02.

b

FEB

24	25	26	27	28

☐ am 27.02.

c

FEB

24	25	26	27	28

☐ am 28.02.

4 Wo möchte Franziska ihre Freundin treffen?

a

☐ am Supermarkt

b

☐ vor dem Freizeitpark

c

☐ am Schwimmbad

*Jetzt hörst du die **zweite** Nachricht am Telefon. Du hörst die zweite Nachricht **noch einmal**.*
*Markiere **dann** die Lösung zu Aufgabe 3 und 4.*

Lies die Aufgaben 5 und 6.

5 Wo ist das Mädchen?

a

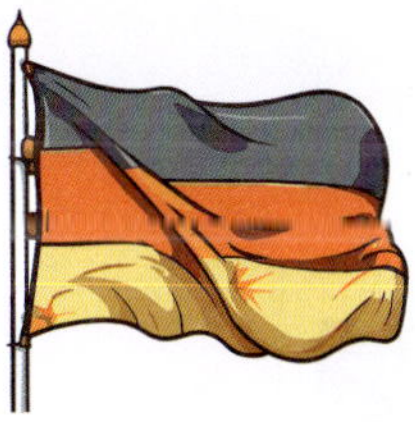

☐ in Deutschland

b

☐ in Frankreich

c

☐ in Portugal

6 Wohin sollen die Eltern kommen?

a

☐ zum Flughafen

b

☐ zu Maras Eltern

c

☐ zum Bahnhof

*Jetzt hörst du die **dritte** Nachricht am Telefon. Du hörst die dritte Nachricht **noch einmal**.*
*Markiere **dann** die Lösung zu Aufgabe 5 und 6.*

Modelltest 8 – Hören, Teil 2

*Du hörst **zwei** Gespräche. Zu jedem Gespräch gibt es Aufgaben. Kreuz an: **richtig (R)** oder **falsch (F)**?*
*Du hörst jedes Gespräch **zweimal**.*

38 *Lies das Beispiel mit der Lösung.*

Beispiel

		R	F
0	Nadja geht heute ins Kino.	☐	☒

*Jetzt hörst du das Beispiel **zweimal**.*

Lies die Sätze 7, 8 und 9.

		R	F
7	Die Kinder müssen zum Zahnarzt gehen.	☐	☐
8	Morgen brauchen die Kinder keine Bücher.	☐	☐
9	Die Kinder müssen um 8:15 Uhr kommen.	☐	☐

*Jetzt hörst du das **erste** Gespräch. Du hörst das erste Gespräch **noch einmal**.*
*Markiere **dann** für die Sätze 7, 8 und 9: **richtig (R)** oder **falsch (F)**.*

Lies die Sätze 10, 11 und 12.

		R	F
10	Mehmet mag das blaue T-Shirt lieber.	☐	☐
11	Mehmet hat nicht genug Geld.	☐	☐
12	Melina bezahlt das T-Shirt.	☐	☐

*Jetzt hörst du das **zweite** Gespräch. Du hörst das zweite Gespräch **noch einmal**.*
*Markiere **dann** für die Sätze 10, 11 und 12: **richtig (R)** oder **falsch (F)**.*

Modelltest 8 – Lesen, Teil 1

Lies die zwei Anzeigen aus der Zeitung.

Anzeige 1

Für einen schönen Stadtpark!

Die Jugend-Wandergruppe des Sportclubs Neuwiehl
macht immer am ersten Samstag im Monat Ordnung im Stadtpark.
Wir beginnen nächsten Monat! Jeder kann helfen.

Kommt um 9:00 Uhr zum Buchgeschäft „Hahnemann"
gleich an der Bushaltestelle Lilienstraße.
Wir warten vor dem Buchgeschäft.

Tragt richtige Schuhe und bringt keine Tiere mit!

Bei Regen räumen wir natürlich nicht auf und bleiben zu Hause.

Lies das Beispiel und wähle die richtige Antwort zu den Fragen 1, 2 und 3.

Beispiel

0 Die Anzeige ist für ...

[x] a Aufräumen.

b Sport.

c Wandern.

1 Wann ist die Aktion?

a jeden Monat

b jeden Samstag

c diesen Monat

2 Wo ist der Treff?

a an der Bushaltestelle Lilienstraße

b am Buchgeschäft

c im Stadtpark

3 Bei Regen soll man ...

a Tiere zu Hause lassen.

b nicht kommen.

c richtige Schuhe tragen.

Anzeige 2

In den Sommerferien Geld mit leichten Arbeiten verdienen?

• Suche schon im Winter nach Ferienjobs!
Dann findest du die besten Jobs für den Sommer.
Im Frühling ist es oft zu spät.

• Frag in Geschäften oder such im Internet.
Am Eingang von Supermärkten sind oft Anzeigen für kleine Jobs.

• Schreib an Feriencamps.
Vielleicht braucht man Schüler oder Schülerinnen.

• Frag in deinem Haus oder andere Familien nach Mini-Jobs.

Noch mehr Tipps: www.schuelerjobhilfe.at

Wähle die richtige Antwort zu den Fragen 4, 5 und 6.

4 Wann soll man mit der Suche anfangen?

a im Frühling

b im Sommer

c im Winter

5 Wer bekommt Hilfe?

a Feriencamps

b Geschäfte

c Kinder und Jugendliche

6 Man kann auch ...

a schwere Arbeiten machen.

b im Haus fragen.

c in der Familie fragen.

Modelltest 8 – Lesen, Teil 2

Lies die zwei Texte und das Beispiel.

Beschreibung 1

Ich heiße Michael und bin 16 Jahre alt. Ich wohne mit meinem Vater in Nürnberg. Dort gehe ich aufs Gymnasium. Meine beiden Schwestern wohnen nicht mehr bei uns. Ich möchte später gern in einer Band spielen. Deshalb habe ich montags, mittwochs und freitags Gitarrenunterricht. Samstags und sonntags kommen meine Freunde oft zu mir und wir machen Musik.

Beispiel

		R	F
0	Michael wohnt bei seinem Vater.	☒	☐

Kreuz für die Aufgaben 7, 8 und 9 ***richtig (R)*** *oder* ***falsch (F)*** *an.*

		R	F
7	Michael hat zwei Schwestern.	☐	☐
8	Dreimal in der Woche spielt Michael in einer Band.	☐	☐
9	Michael besucht seine Freunde oft am Wochenende.	☐	☐

Beschreibung 2

Ich bin Sabrina und 14 Jahre alt. Ich habe drei Freundinnen. Aber sie sind schon 16 Jahre alt. Dieses Jahr wollen wir in den Ferien zusammen nach Griechenland fahren. Wir lieben alle das Meer und die Sonne! Ich liege gern am Strand und lese oder schwimme. Das sind die ersten Ferien ohne meine Eltern.

Kreuz für die Aufgaben 10, 11 und 12 ***richtig (R)*** *oder* ***falsch (F)*** *an.*

		R	F
10	Sabrina ist jünger als ihre Freundinnen.	☐	☐
11	Sabrina mag das Meer sehr.	☐	☐
12	Sabrinas Eltern fahren nach Griechenland mit.	☐	☐

Modelltest 8 – Schreiben

Du hast diese E-Mail bekommen.
Antworte darauf bitte mit mindestens 30 Wörtern.
*Schreib bitte **nicht** mit Bleistift.*

Hallo,

mein Name ist Emilio. Ich bin 11 Jahre alt und lebe in Italien, in Florenz. Ich gehe in die 5. Klasse. Deutsch lerne ich schon zwei Jahre. Das ist in der Schule mein Lieblingsfach. Außerdem male ich sehr gern, am liebsten Tiere. Malst du auch gern? Ich finde auch andere Länder interessant. Deshalb suche ich Freunde oder Freundinnen im Ausland. Wer schreibt mir auf Deutsch?

Emilio
emilio.rossi@mail.it

Modelltest 8– Sprechen, Teil 1

Wer bist du? Stell dich vor.
Sag mindestens vier Sätze.

Name?	Land?	Schule?	Hobby?
Alter?	Wohnort?	Sprachen?	

Modelltest 8 – Sprechen, Teil 2

*In **Sprechen, Teil 2** musst du eine Frage an deine Partnerin / deinen Partner stellen und auf die Frage deiner Partnerin / deines Partners antworten.*

Thema: Reisen ankommen	**Thema: Reisen** Rucksack
Thema: Reisen wandern	**Thema: Reisen** Schiff
Thema: Reisen Insel	**Thema: Reisen** mitnehmen

Modelltest 8 – Sprechen, Teil 3

*In **Sprechen, Teil 3** zieht deine Mitschülerin / dein Mitschüler eine Karte. Sie/Er fragt dich etwas oder bittet dich um etwas. Du musst antworten.*

*Dann ziehst du eine Karte. Auf der Karte ist ein Bild mit **!** oder **?**. Deine Mitschülerin / dein Mitschüler antwortet.*

!

!

?

?

?

!

ANTWORTBOGEN und BEWERTUNG

HÖREN

Teil 1

	a	b	c
1			
2			
3			
4			
5			
6			

Teil 2

	Richtig	Falsch
7		
8		
9		
10		
11		
12		

LESEN

Teil 1

	a	b	c
1			
2			
3			
4			
5			
6			

Teil 2

	Richtig	Falsch
7		
8		
9		
10		
11		
12		

Ergebnis HÖREN

_________ X 1,5 = __________ Punkte

Ergebnis LESEN

___________ Punkte

Ergebnis SCHREIBEN

_________ X 2 = __________ Punkte

Ergebnis SPRECHEN

___________ X 1,5 = __________ Punkte

Gesamtergebnis

HÖREN __________ / 18 Punkte

LESEN __________ / 12 Punkte

SCHREIBEN __________ / 12 Punkte

SPRECHEN __________ / 18 Punkte

Gesamt __________ / 60 Punkte

mein Fortschritt								
Modelltest	**1**	**2**	**3**	**4**	**5**	**6**	**7**	**8**
Hören	___/18	___/18	___/18	___/18	___/18	___/18	___/18	___/18
Lesen	___/12	___/12	___/12	___/12	___/12	___/12	___/12	___/12
Schreiben	___/12	___/12	___/12	___/12	___/12	___/12	___/12	___/12
Sprechen	___/18	___/18	___/18	___/18	___/18	___/18	___/18	___/18
gesamt	**___/60**	**___/60**	**___/60**	**___/60**	**___/60**	**___/60**	**___/60**	**___/60**

Audio-Impressum

Sprecherinnen und Sprecher: Christian Birko-Flemming, Edda Birko-Flemming, Fabian Hassel, Steffi Plisch, Anke Stößer, Markus Schultz, Hans-Peter Stoll, Sofi Vega, Emilio Vega, Ron Vodovozov

Tontechnik und Produktion: Gunther Pagel, Top10 Tonstudio, Viernheim

Bildquellennachweis

7 Shutterstock (Red fox studio), New York; **8, 9.1** Shutterstock (Ingrid Balabanova); **9.2, 16, 35, 73.11, 78** Shutterstock (Laugesen Mateo); **12.1** Shutterstock (s_oleg); **12.2** Shutterstock (BearFotos); **14.1** Shutterstock (Photo Volcano); **14.2** Shutterstock (Lukas Gojda); **14.3** Shutterstock (imtmphoto); **14.4** Shutterstock (muzsy); **14.5** Getty Images (monkeybusinessimages), München; **14.6** Shutterstock (Dreams Come True); **14.7** Shutterstock (Fotokostic); **14.8** Shutterstock (ESB Professional); **14.9** Shutterstock (Microgen); **14.10** Getty Images (Anchiy); **14.11** Getty Images (monkeybusinessimages); **14.12** Shutterstock (Sergey Novikov); **17** Shutterstock (sashahaltam); **18** Shutterstock (Morrowind); **19.1** Shutterstock (Inside Creative House); **19.2** Shutterstock (PeopleImages.com - Yuri A); **24** Shutterstock (Monkey Business Images); **38.1** Shutterstock (Urbanscape); **38.2** Shutterstock (Day Of Victory Studio); **41** Shutterstock (Standret); **42** Shutterstock (MANDY GODBEHEAR); **43.1** Shutterstock (Jacek Chabraszewski); **43.2** Shutterstock (Pereslavtseva Katerina); **47.1** Shutterstock (AnEduard); **47.2** Shutterstock (Olga Popova); **47.3** Shutterstock (fancy); **47.4** Shutterstock (RooftopStudioBangkok); **47.5** Shutterstock (gogoiso); **47.6** Shutterstock (FabrikaSimf); **47.7** Shutterstock (Alexey Sulima); **48.1** Shutterstock (Open Art); **48.2** Shutterstock (murattellioglu); **48.2** Shutterstock (Maxx-Studio); **51.1** Getty Images (Talaj); **51.2** Shutterstock (ajt); **51.3** Shutterstock (Rusly95); **51.4** Shutterstock (IB Photography); **51.5** Shutterstock (Amero); **51.6** Shutterstock (Vitaly Zorkin); **52** Shutterstock (ProStockStudio); **56** Getty Images (ZoneCreative); **59.1** Shutterstock (VH-studio); **59.2** Shutterstock (BearFotos); **60.1** Shutterstock (Natdanai99); **60.2** Shutterstock (Petr Student); **60.3** Shutterstock (Vladyslav Starozhylov); **60.4** Shutterstock (Dmitrijs Mihejevs); **60.5** Shutterstock (Vereshchagin Dmitry); **60.6** Getty Images (Lisa-Blue); **60.7** Shutterstock (Oleksiy Mark); **62.1** Shutterstock (Evgeny Atamanenko); **62.2** Getty Images (minemero); **62.3** Shutterstock (Phoderstock); **62.4** Getty Images (Travelpixs); **62.5** Getty Images (Drazen Zigic); **62.6** Shutterstock (Steven Van Aerschot); **62.7** Getty Images (ArtistGNDphotography); **63** Shutterstock (Ground Picture); **64.1** Shutterstock (PeopleImages.com - Yuri A); **65.1** Shutterstock (Djomas); **65.2** Shutterstock (VALUA VITALY); **68.1** Shutterstock (Svetography); **68.2** Shutterstock (DenisNata); **68.3** Shutterstock (LUIS PADILLA-Fotografia); **68.4** 123RF.com (kwadrat70), Nidderau; **73.1** Shutterstock (Velishchuk Yevhen); **73.2** Shutterstock (kibri_ho); **73.3** Shutterstock (REDPIXEL.PL); **73.4** Shutterstock (Todja); **73.5** Shutterstock (bfk); **73.6** Shutterstock (LN_PHOTO); **73.7** Shutterstock (IrenaStar); **73.8** Shutterstock (Pixel-Shot); **73.9** Shutterstock (ANTHONY PAZ); **73.10** Shutterstock (Random435); **76.1** 123RF.com (sevalv); **76.2** Shutterstock (thirawatana phaisalratana); **77.1** Shutterstock (Inside Creative House); **77.2** Shutterstock (UfaBizPhoto); **77.3** Shutterstock (zagorodnaya); **77.4** Shutterstock (Krakenimages.com); **77.5** Getty Images (Luis Alvarez); **77.6** Shutterstock (Rawpixel.com); **79** Shutterstock (Kittyfly); **80** Shutterstock (Timmary); **81.1** Shutterstock (Roman Samborskyi); **81.2** Shutterstock (VaLiza); **82.1** Shutterstock (Duet PandG); **82.2** Shutterstock (Mix and Match Studio); **82.3** Shutterstock (watcher fox); **82.4** Shutterstock (BearFotos); **82.5** Shutterstock (Kaspars Grinvalds); **82.6** 123RF.com (helios8); **90.1** Shutterstock (sirtravelalot); **90.2** Shutterstock (Evgeny Haritonov); **91** Shutterstock (Rawpixel.com); **92** Shutterstock (Garijs Polskis); **93.1** Shutterstock (Monsterstock); **93.2** Shutterstock (ViDI Studio); **100.1** Shutterstock (BearFotos); **100.2** Shutterstock (New Africa); **101** Shutterstock (Sergey Nivens); **102** 123RF.com (olejx); **103.1** Shutterstock (Red Fox studio); **103.2** Shutterstock (carballo); **110.1** Shutterstock (phM2019); **110.2** Shutterstock (Mr.Music); **111** Shutterstock (Andriy Solovyov); **112** Shutterstock (Ground Picture); **113.1** Shutterstock (A Stock Studio); **113.2** 123RF.com (sifotography); **113.2** Shutterstock (pathdoc); **120.1** Shutterstock (Yaroslav Astakhov); **120.2** Shutterstock (Maryshot); **121** Shutterstock (Photoroyalty); **122** Shutterstock (Volodymyr_Shtun); **123.1** Shutterstock (Monkey Business Images); **123.2** Shutterstock (Khorzhevska)